「データ＋地図」で読み解く地域のすがた

日本あっちこっち

［監修・執筆］加藤一誠　河原典史
［執筆・編集］飯塚公藤　河原和之

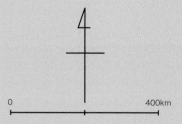

0 ─────────── 400km

SHIMIZUSHOIN

はじめに

　2022年から高等学校の「地理総合」が始まります。地理は記憶の勝負と割り切る方も少なくないでしょう。それが受験では奏功したかもしれません。けれども、地理的現象には原因や背景があり、歴史や経済をはじめとする社会的要因に影響を受けながら人の暮らしが成り立っています。

　そこで、本書では地図や統計の見方を解説し、それらを根拠に日本各地の事例を解説しています。記述は地理学を専門としない読者を念頭に置き、その分、歴史や経済という隣接分野の考え方も学べるよう工夫しました。

　くわえて、地理情報システムの活用も求められており、授業担当者にはこれが難関になると予想されます。そこで GISを巻頭に置き、GISのプロ飯塚公藤氏に地域経済分析システム(RESAS) や無料 GISソフト(MANDARA) を使った統計や地図の作成方法を解説していただきました。

　なお、本書の源流は、一般財団法人 日本経済教育センター(現一般社団法人日本経済教育センター) の「経済地理教材検討委員会」にあります。河原典史、河原和之、加藤一誠の 3名がメンバーでしたが、センターの鈴木孝治氏が事務局として参加され、委員会は足かけ5年にわたって続きました。成果は「グローバル社会を生き抜くために」と「マジで知りたい 日本あっちこっち」という教材パンフとなりました。本書とあわせて教材としてお使いいただければ望外の喜びです。

（お問い合わせ 一般社団法人日本経済教育センター　http://keikyo-center.or.jp/business.html）

　我々の議論を温かく見守り、辛抱強く教材を作成してくださった鈴木氏に心から謝意を表します。そして、清水書院の中沖栄氏は教材の書籍化をご提案いただき、我々の主張を丁寧に紡いで書籍にしてくださいました。また、有限会社ザ・ライトスタッフオフィスの河野浩一氏は図表のアイデアを提案して作成してくださった。中沖、河野の両氏の忍耐強い取りまとめによって本書は完成しました。お二方に深謝申し上げます。

2021年 6月

筆者を代表して

加藤一誠

もくじ

中国・四国地方

九州・沖縄地方

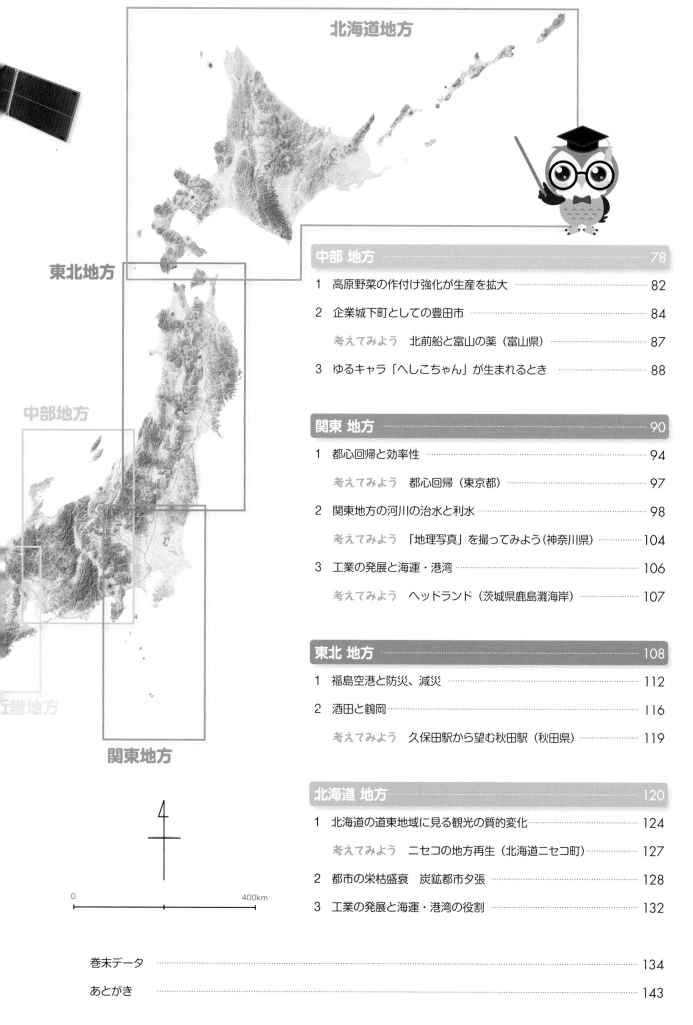

北海道地方

東北地方

中部地方

近畿地方

関東地方

0　　　　　　　　　400km

GISを知って活用しよう

九州・沖縄地方

中国・四国地方

近畿地方

中部地方

関東地方

東北地方

北海道地方

巻末データ

「データ＋地図」で読み解く地域のすがた

日本あっちこっち

GISを知って
活用しよう

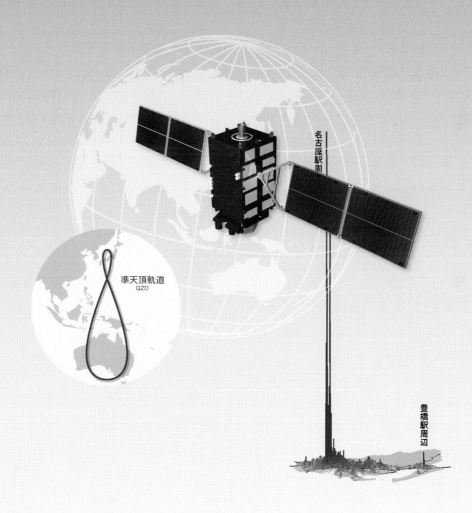

名古屋駅周

準天頂軌道
QZO

豊橋駅周辺

1 GPSとGISの違い

私たちの身近にあるGPSシステム

GPS（Global Positioning System）は「全地球測位システム」とも呼ばれ、地球を回る人工衛星によって地球上の位置を測るシステムのことをいいます。1960年代にアメリカによって開発され、日本でも1990年頃から測量分野で運用されるようになりました。現在では車に搭載したカーナビゲーションや船舶・航空機の航行をはじめ、ハンディGPS（図8-1）やスマートフォン（図8-2）にもGPS機能が搭載されるなど、日常生活で誰もが利用している技術です。

その後、欧州（Galileo）、ロシア（GLONASS）、中国（北斗：BeiDou）、インド（NavIC）、日本（みちびき・図9-1）など、開発・運用が進み、最近ではGNSS（Global Navigation Satellite System：全球測位衛星システム）と呼ばれ、高精度な測量や自動運転、現在地の特定などに活かされています。

とくに日本では、2018年11月1日に、みちびき（準天頂衛星システム：QZSS）のサービスが開始され、その記念式典では、広大な農地でのトラクターの無人走行やドローンを利用した宅配など、日常生活のさまざまな場面で、みちびきから取得した位置情報が使われることが示されました。

そのさまざまな活用は、みちびきのWebサイトでも紹介されています。みちびきは4機体制で運用され、日本からオーストラリア周辺を「8の字軌道」で運航しています（図9-2）。みちびきの運用により、精度の高い位置情報を取得でき、さまざまな誤差も改善されると期待されているのです（図9-3・図9-4）。

日本経済新聞電子版で「GPS」のキーワードで記事を検索すると、「GPSを搭載した農機やドローンを使ったスマート農業の実用化」や「GPS搭載のシェアサイクルを導入し、観光地における利用者の行動を分析する試み」、「GPS搭載のドローンを用いて、鉄道や道路などのインフラを管理する仕組み」など、ほぼ毎日GPSに関する話題が掲載されているほどです。

GISってなんでしょう

一方、GIS（Geographic Information System）は「地理情報システム」と呼ばれ、さまざまな地理空間情報（位置情報）を可視化・検索・分析できるシステムです。GISと聞くとESRI社の販売するArcGISなどや、オープンソースのMANDARAなど、インストールが必要なPCソ

身近で活用されるGPS・GNSS

GPS・GNSSの技術はどんどん身近なものになっている。たとえば、スイスにグループ本社をもつGarmin社のハンディGPSは、地図情報を搭載しており、衛星ネットワークを利用すると、携帯電話の電波が届かないところでも、自分の位置を正確に知ることができる。

また、「Geographica」というアプリをスマートフォンにダウンロードすれば、携帯電波の圏外でも国土地理院の地図などを表示し、自分の位置情報をとることが可能となる。

図8-1 Garmin社のハンディGPS
https://www.garmin.co.jp

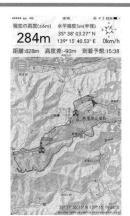

図8-2 Geographicaの画面

フトウェアを思い浮かべる人も多いと思いますが、利用者の多い Google Maps や Yahoo! 地図、地理院地図なども Web 版 GIS（Web GIS）であり、インターネットにつながる環境であれば、PC やスマートフォン、タブレットでも閲覧可能なシステムです。

　また、GIS は GI Science（地理情報科学）や GI Service（地理情報サービス）としての意味も有しており、内閣府の進める Society 5.0 においては、IoT や AI、ビッグデータなどの先進技術を駆使した地理情報（位置情報）サービスがより一層普及するものと予想されています。

　以上のように、GPS と GIS は用語としての語感は似ているものの、意味は大きく異なります。GPS（GNSS）は衛星から地理（位置）情報を取得するシステムで、それを駆使して可視化・分析・研究・サービスを行うのが GIS です。こうした GIS の知識や GIS の技術を身につけ、GIS を活用できる人材は、今後、社会生活の中のさまざまな分野で、求められることになるでしょう。

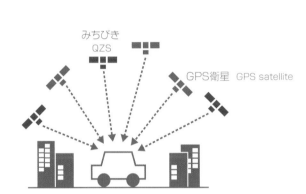

図 9-1　みちびき：準天頂軌道衛星

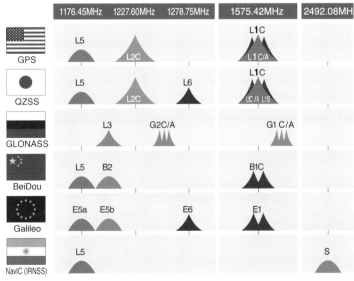

GPSと互換性　Interoperable with GPS

図 9-3　GPS を補う衛星測位サービス

　みちびきから GPS と互換性のある測位信号を送信することにより、GPS と一体となって使用することができるサービスのこと。さらに、みちびきを利用することで、主な誤差の要因である「電離圏遅延」と「衛星数不足」が改善する。

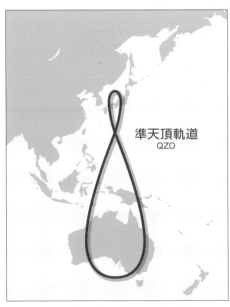

準天頂軌道 QZO

図 9-2　みちびきの準天頂軌道（QZO）

　経度を維持したまま静止衛星を南北方向に振動させた軌道は、地球の自転との関係から直線ではなく、南北対称の「8 の字軌道」になる。

	1176.45MHz	1227.60MHz	1278.75MHz	1575.42MHz	2492.08MH
GPS	L5	L2C		L1C / L1 C/A	
QZSS	L5	L2C	L6	L1C / L1C/A L1S	
GLONASS		L3	G2C/A	G1 C/A	
BeiDou	L5	B2		B1C	
Galileo	E5a	E5b	E6	E1	
NavIC (IRNSS)	L5				S

図 9-4　みちびきの優位性

　多くの国が衛星測位システムの整備・運用を行っているが、準天頂衛星システム（QZSS）は、他国のシステムとは異なり、GPS と同じ周波数の信号を配信しているため、GPS と QZSS を 1 つの衛星群として扱うことができる。このため、安定した測位が可能になり、精度の高い位置情報を得ることができる。

図 9-1 ～ 9-4 https://qzss.go.jp

9

事例 1　地理院地図（電子国土Web）の利用（1）

　まず最初に、日本において代表的な WebGISである、地理院地図（電子国土 Web: https://maps.gsi.go.jp/）を紹介しましょう。このサイトでは、国土地理院が作成した地形図や空中写真、標高、地形分類、災害情報など、日本の国土の様子を閲覧できるようになっています。また、地形図や空中写真の 3D表示、断面図の作成をすることもできます。ここでは、簡単な使い方を紹介していきます。

　地理院地図のトップページから、図10-1 の赤く囲った検索バーに「東京都庁」と入力し、表示された検索結果の中から「東京都庁舎」をクリックすると、都庁を中心に拡大された図が表示され

ます（図10-2）。

　次に、左上にある「地図」ボタンを押すと、図10-3 のような選択画面が地図にかぶるように表示され、上段Ⓐで標準地図、白地図、淡色地図、白地図、English（英語表記）、写真が選択できます。

　また、その下にある項目Ⓑを選択すると、「年代別の写真」「標高・土地の成り立ち・土地利用」など、さまざまな地図を表示して複数の地図を合わせて表示することも可能です。

図10-1　地理院地図のトップページ

図10-3

図10-2　東京都庁周辺の拡大図

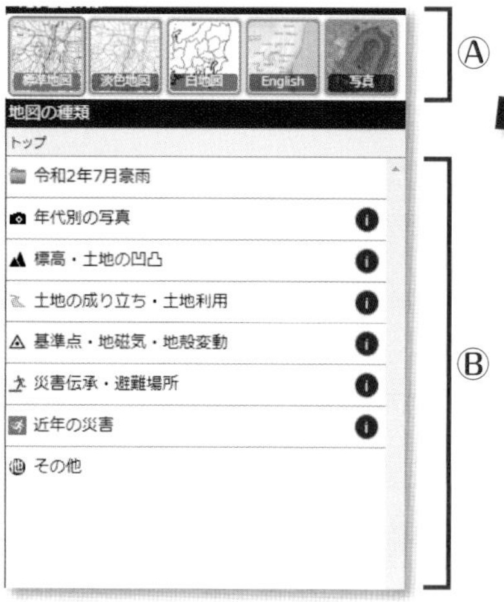

GISの紹介

GISを知って
活用しよう

　1つ目の事例として**図10-3**で示された項目のうち、「年代別の写真」を選択してみましょう。

　すると、**図11-1**のように「全国最新写真」をはじめ、「年度別写真」などが表示できるように、項目の一覧が出てきます。そのうち、「1945年〜1950年」を選択すると、米軍によって撮影された空中写真を閲覧でき、第二次世界大戦直後の日本の様子を読み取ることができます。また、「1936年〜1942年頃」を選択すると、より古い空中写真を見ることができます。

　図11-2は1936年〜1942年頃の現在の東京都庁周辺の空中写真です。ここには1898（明治31）年に完成した「淀橋浄水場」がありました。それが廃止されたのは1965（昭和40）年のことです。

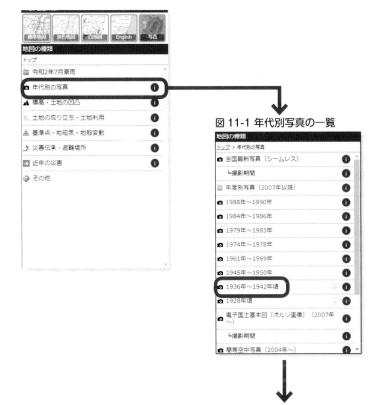

図 11-1　年代別写真の一覧

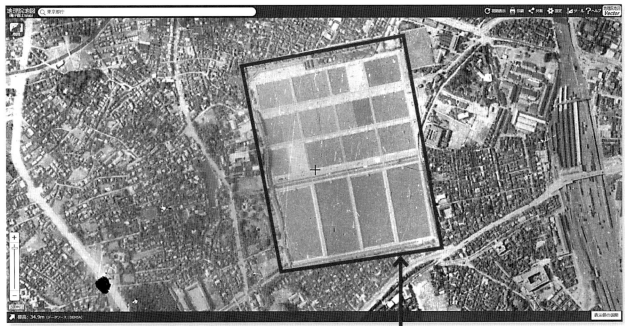

図 11-2　現在の東京都庁周辺の 1936 年〜 1942 年
（十字のポインターの位置は、最初に検索した都庁の位置を示します。）

淀橋浄水場

11

2 身近なGIS地図の事例:Web

事例1　地理院地図(電子国土Web)の利用(2)

　2つ目の事例として、**図10-3**で示された項目のうち「標高・土地の凹凸」の項目を選択してみましょう。すると、色別標高図をはじめ、陰影起伏図や傾斜量図などを表示できるため、自分たちが暮らしている街の標高について、視覚的に理解することができます。

　図12-2は東京都庁を中心に色別標高図を表示したものです。都庁付近(十字のポインターが示すところ)は緑色で表示され、比較的標高が高いことがわかるでしょう。

　また、画面の左下には十字のポインター地点の標高値(34.9m)も表示されていますので、確認してみてください。

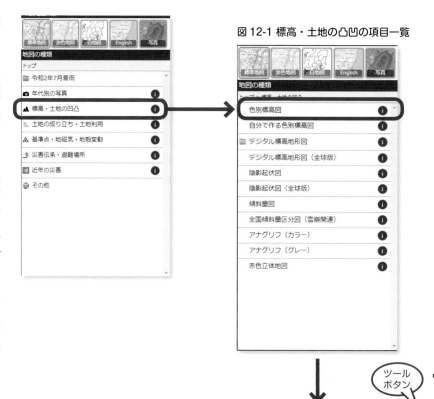

図 12-1 標高・土地の凸凹の項目一覧

ツールボタン

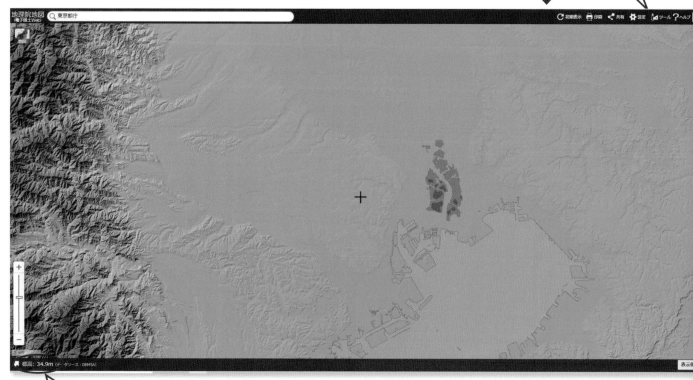

標高値

図 12-2　色別標高図でみた東京都庁周辺

GISの紹介

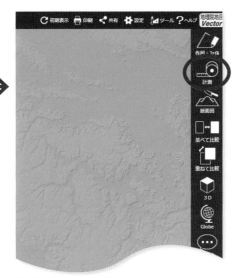

図 13-1　ツール項目

図 13-2　計測ウィンドウ

次に、図 12-2 の右上にある「ツール」ボタンを押すと、図 13-1 のように画面右にさまざまな項目が表示されます。ここでは、それらの機能のうち、「計測」を試してみましょう。

「計測」ボタンを押すと図 13-2 のような計測ウィンドウが表示されます。そこで一番左の「距離」を選択し、画面上で計測したい場所をクリック（スマートフォンの場合はタップ）すると、図 13-3 のように距離を求められます（駅から都庁付近まで 715 m）。また、左から 2 番目の「面積」を選択し、計測したい場所をクリックすると、図 13-4 のように、面積が計測できます（この場合の都庁周辺の面積 45,922 ㎡）。この機能を使いこなせば、簡易に距離や面積を計測できるので、ぜひ利用してみてください。

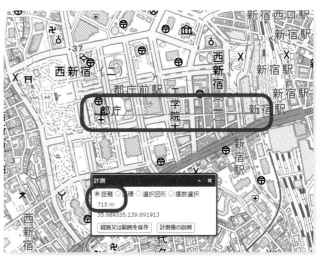

図 13-3　距離の計測（赤い点線で表示される）

図 13-4　面積の計測（赤い面で表示される）

13

図 14-1　RESASのトップ画面（https://resas.go.jp/）

RESAS(Regional Economy Society Analizing System=地域経済分析システム)は、地方自治体のさまざまな取り組みを情報面から支援するために、まち・ひと・しごと創生本部事務局が提供する「産業構造や人口動態、人の流れなどの官民ビッグデータを集約し、可視化するシステム」です。

　RESASのトップページ左上にある「メインメニュー」を選択すると、「人口マップ」「地域経済循環マップ」「産業構造マップ」「企業活動マップ」「観光マップ」「まちづくりマップ」「雇用／医療・福祉マップ」「地方財政マップ」と、多分野にわたる地図が閲覧できます。事例1で紹介した地理院地図と比べて、RESASでは全国・都道府県・市区町村というさまざまなスケールで、あらゆる社会経済的なデータマップを可視化できることが魅力です。ここではその一部を紹介しましょう。

　まず、トップページ（図 14-1）の左上の「メインメニュー」をクリックし、「人口マップ」（図 14-2）→「人口増減」（図 14-3）を選択すると、図 15-1 が表示されます。その画面の右側の項目（ⒶやⒷ）を設定することで、行政界（区画）や年次も変更できます。図 15-2 は、東京を中心とした 2015 年の地図ですが、市区町村単位の人口増減のヒートマップ（Ⓒを設定するとデータを色で示した地図、図 15-3）を表示できます。このように、都道府県単位での比較や市区町村単位での比較が容易にできるため、地域間比較をする際に有効な地図であることがわかるでしょう。

図 14-2　項目選択画面

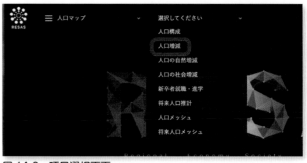

図 14-3　項目選択画面

図 15-1　人口マップ（人口増減：全国）

図 15-2　東京を中心とした地図
　上図Ⓐで「東京都」を選択、表示レベルを「市区町村単位」にし、「新宿区」を選択した。

図 15-3　東京を中心とした 2015 年の人口増減
　上図Ⓒで「透過率 50%（薄いヒートマップ）」を選択した場合。

図 16-1　グラフボタン

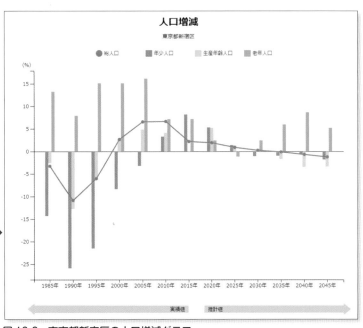

図 16-2　東京都新宿区の人口増減グラフ

次に、図16-1の上段Ⓓで「東京都」「新宿区」になってるのを確認後、「グラフを表示」ボタン（図16-1のⒺ）を押すと、図16-2のように人口増減をグラフとして表示できます。このグラフでは総人口の変化だけでなく、年少人口（14歳未満）・生産年齢人口（15歳から65歳未満）・老年人口（65歳以上）の経年変化までが簡単に表示できます。そのためRESASは、地域による少子高齢化や人口減少社会について検討する材料としても使えるのです。

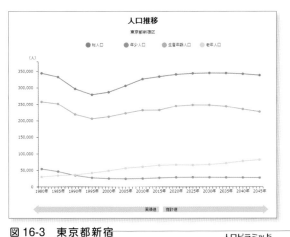

図 16-3　東京都新宿区の人口推移

また、RESASのトップ画面に戻り、「メインメニュー」→「人口マップ」→「人口構成」と進むと、東京都新宿区の「人口推移」（図16-3）や「人口ピラミッド」（図16-4）も表示できます。

このように、人口マップだけでも多様な地図・グラフが表示できるRESASは、さまざまな地域を比較するグループ別学習にも有効です。

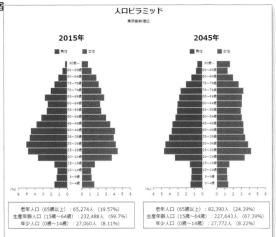

図 16-4　東京都新宿区の人口ピラミッド

　このほか、「メインメニュー」→「地域経済循環マップ」→「地域経済循環図」と進み、「東京都」を選択すると、**図17-1**のような画面が表示されます。この図からは、東京都は地域経済循環率（地域経済の自立度）が156.7%と高く、第3次産業による生産が著しいことが読み取れます。

　また、「メインメニュー」→「産業構造マップ」→「全産業」→「稼ぐ力分析」→「産業の類順で見る」と進み、「東京都」「新宿区」を選択後、「グラフ分析」ボタンを押すと、**図17-2**のように「産業別特化係数」を表示できます。これによれば東京都新宿区は印刷・同関連業に特化した地域であることが一目でわかるでしょう。以上のように、RESASを利用することで容易に地図やグラフが作成でき、データに基づいた地域分析が可能となります。

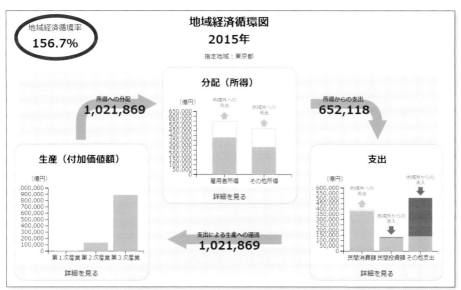

図 17-1　東京都の地域経済循環図

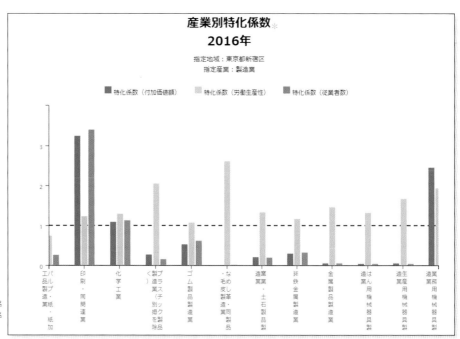

※域内のある産業の比率を全国の同産業の比率と比較したもの。

図 17-2　東京都新宿区の産業別特化係数

事例3
時系列地形図閲覧サイト（今昔マップon the web）の利用

時系列地形図閲覧サイト（今昔マップ on the web: http://ktgis.net/kjmapw/）は埼玉大学の谷謙二教授が作成されたもので、明治期以降の新旧の地形図を切り替えながら表示できるものです。2020年12月現在、全国 41地域を公開し、収録した旧版地形図は 4,028枚にのぼります。ここでは、東京都上野駅周辺を事例として紹介します。「今昔マップ on the web」にはWindows上で使用可能なデスクトップ版も公開されており、新旧の地形図の閲覧だけではなく、GPSで取得した軌跡データや、位置情報が付いた写真画像（スマホなどで位置情報をもたせて撮影した画像）などの表示ができるため、学校での地理教育・防災教育・歴史学習・郷土学習にも活かせます。

まず、サイトのトップページ（図18-1）から画面右側にある収録地域のうち、「三大都市圏」の「首都圏」を選択すると図18-2 のように表示されます。初期状態では「2画面」Ⓐで、左側に「旧版地形図」、右側に「地理院地図」が表示されているのがわかります。画面上での場所移動や縮尺変更の操作は、基本的に左側（4画面の場合は左上）の「旧版地形図」を使用し、場所の移動はマウスでドラッグします。縮尺変更は左下にある「＋」「－」ボタンもしくはマウスホイールで行うことができます。「旧版地形図」を変更する場合は、左下の部分で「1896〜1909 年」などの年代を選択すると、切り替えができます。図18-3 のように、1909（明治 42）年と 1930（昭和 5）年、1965（昭和 40）年を比較することができるの

図 18-1　今昔マップ on the web のトップページ

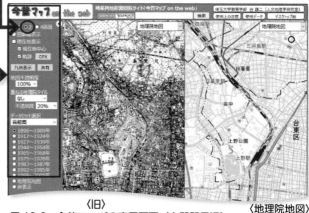

図 18-2　今昔マップの表示画面（上野駅周辺）

図 18-3　旧版地形図の比較（上野駅周辺）
　左：1909（明治 42）年　中：1930（昭和 5）年　右：1965（昭和 40）年。
　右上の項目（19p Ⓑ）を選択することで、さまざまな地形図・空中写真・主題図を閲覧・比較できるのが面白い。

です。画面右上の項目⑧を選択することで、さまざまな地形図・空中写真・主題図を閲覧・比較できます（図19-1、図19-2）。気軽な歴史散歩にぜひ取り組んでみてください。

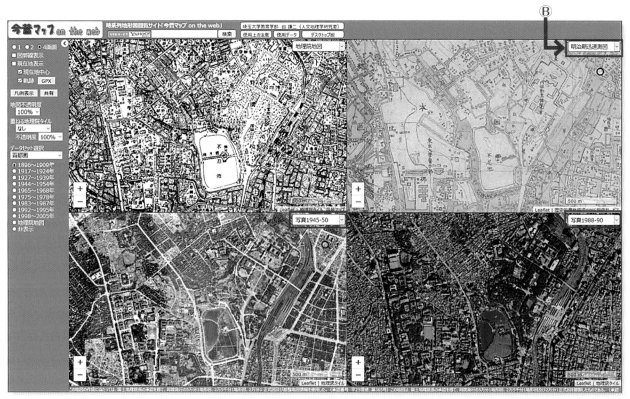

図19-1　閲覧例1　左上：明治42年，右上：明治期迅速測図，左下：1945-50年写真，右下：1988-90年写真

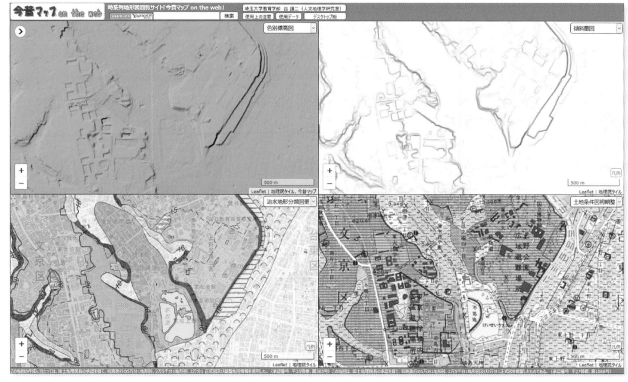

図19-2　閲覧例2　左上：色別標高図，右上：傾斜量図，左下：治水地形分類図，右下：土地条件図

GISの表現
地図からさまざまなことを読み取ろう

GIS地図には、さまざまな情報をさまざまな表現方法で表示できます。可視化することで、情報が意味することを的確に理解したり、みんなにわかりやすく伝えたりすることが可能となります。

日本経済新聞2017年12月14日付の記事「都道府県別の平均寿命首位、男性は滋賀・女性は長野15年、最下位は男女とも青森」から、どのようなGISの表現ができるか考えてみましょう。

この記事の冒頭には「厚生労働省は13日、2015年の都道府県別の平均寿命を発表した。男性は前回調査（10年）で2位だった滋賀が81.78歳で初の首位となった。女性は87.675歳の長野がトップで、岡山と0.002歳の僅差ながら前回に続き首位を維持した。平均寿命が最も低かったのは前回と同様に男女とも青森で、男性は78.67歳、女性は85.93歳だった」と書かれています。

左表のように、その情報を数値で示すことはとても大切です。しかし、これだけの数値が並ぶと情報が多く、よくわかりません。そこで、GISを使って下図のように可視化してみました。数字を見ていただけでははっきりしなかった都道府県別の違いが、わかりやすくなったのではないでしょうか。

続けて次のページでは名古屋駅周辺の地価をGIS地図で見てみます。

都道府県名	男性	男2015	男2010	女性	女2015	女2010
北海道	80.28	35	34	86.77	37	25
青森県	78.67	47	47	85.93	47	47
岩手県	79.86	45	45	86.44	42	43
宮城県	80.99	15	22	87.16	20	23
秋田県	79.51	46	46	86.38	44	39
山形県	80.52	29	9	86.96	29	28
福島県	80.12	41	44	86.40	43	38
茨城県	80.28	34	36	86.33	45	44
栃木県	80.10	42	38	86.24	46	46
群馬県	80.61	28	29	86.84	33	41
埼玉県	80.82	22	23	86.66	39	42
千葉県	80.96	16	13	86.91	30	34
東京都	81.07	11	14	87.26	15	22
神奈川県	81.32	5	5	87.24	17	15
新潟県	80.69	24	27	87.32	11	5
富山県	80.61	27	19	87.42	8	10
石川県	81.04	12	18	87.28	13	11
福井県	81.27	6	3	87.54	5	7
山梨県	80.85	21	25	87.22	18	13
長野県	81.75	2	1	87.67	1	1
岐阜県	81.00	14	11	86.82	34	29
静岡県	80.95	17	10	87.10	24	32
愛知県	81.10	8	17	86.86	32	31
三重県	80.86	19	21	86.99	27	30
滋賀県	81.78	1	2	87.57	4	12
京都府	81.40	3	6	87.35	9	14
大阪府	80.23	38	41	86.73	38	40
兵庫県	80.92	18	24	87.07	25	35
奈良県	81.36	4	7	87.25	16	17
和歌山県	79.94	44	37	86.47	41	45
鳥取県	80.17	39	40	87.27	14	36
島根県	80.79	23	26	87.64	3	2
岡山県	81.03	13	15	87.67	2	8
広島県	81.08	9	12	87.33	10	6
山口県	80.51	30	39	86.88	31	37
徳島県	80.32	33	28	86.66	40	33
香川県	80.85	20	16	87.21	19	24
愛媛県	80.16	40	35	86.82	35	19
高知県	80.26	37	42	87.01	26	21
福岡県	80.66	25	31	87.14	21	20
佐賀県	80.65	26	32	87.12	23	18
長崎県	80.38	31	33	86.97	28	26
熊本県	81.22	7	4	87.49	6	4
大分県	81.08	10	8	87.31	12	9
宮崎県	80.34	32	20	87.12	22	16
鹿児島県	80.02	43	33	86.78	36	27
沖縄県	80.27	36	30	87.44	7	3

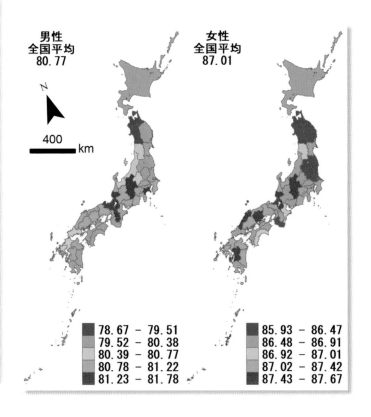

男性 全国平均 80.77　女性 全国平均 87.01

N　400 km

男性	女性
78.67 - 79.51	85.93 - 86.47
79.52 - 80.38	86.48 - 86.91
80.39 - 80.77	86.92 - 87.01
80.78 - 81.22	87.02 - 87.42
81.23 - 81.78	87.43 - 87.67

名古屋駅周辺

愛知県は名古屋都市圏を有し、日本の中でも自動車関連の製造業や農業・花卉（かき）栽培などで有名です。最近の話題としては、リニア中央新幹線の開業に向けて、名古屋駅周辺地区や商業・繁華街のある栄地区では、都心まちづくりが進められています。ここでは、愛知県の地価（土地の値段）について見てみましょう。

国土交通省国土政策局国土情報課は「国土数値情報ダウンロードサービス」を公開し、水域や地形、土地利用をはじめ、地価や公共施設、地域資源、防災などの膨大な地理情報・GISデータの入手が可能です。下図は、愛知県を事例に地図化したもので、愛知県内の市区町村界をベースに、鉄道路線と地価を重ね合わせてみました。右下の地価では、暖色の濃淡で地価の高さ（濃：高い⇔淡：低い）を示していますが、名古屋駅周辺の地価が高いことが読み取れます。よりわかりやすく表現したものが、左下の3D地図になります。GISでは2D（平面）のみならず、立体的にも可視化できます。

愛知県市区町村界
※地名は一部省略

名古屋駅周辺の
地価が高いか読み取れる！

市区町村界 + 鉄道路線

地価の高さを
3Dで表示

豊橋駅周辺

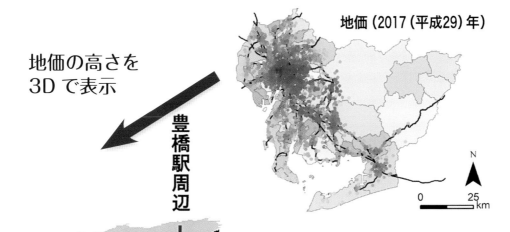

地価（2017（平成29）年）

0　　25 km

4 GIS地図はどのようにつくる

GISソフトを使って容易に地図が描ける(1)

　近年さまざまな GISソフトウェアが開発され、一般に公開されていますが、なかでも「MANDARA」は多くの人に利用されています。このソフトは、前述した「今昔マップ on the web」を作成した埼玉大学教育学部の谷謙二教授によって開発されたもので、さまざまな地図を描けます。

　まず、MANDARA のウェブサイト（図22-1）Ⓐからこのソフトをダウンロードしましょう。そして、デスクトップに表示されたアンコン（図22-2）をクリックすると、デスクトップ上に新たに「操作選択画面」（図22-3）が表示されます。この画面の中央枠内の項目の中から、たとえば「日本市町村人口.csv」Ⓑを選択した後、「OK」Ⓒをクリックすると、図22-4と図22-5が表示されます。

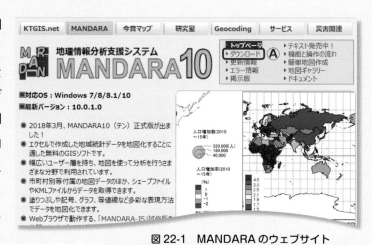

図 22-1　MANDARA のウェブサイト
http://ktgis.net/mandara/

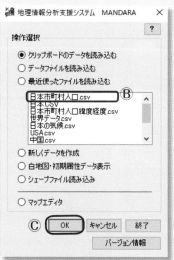

図 22-2
MANDARA ショート
カットのアイコン

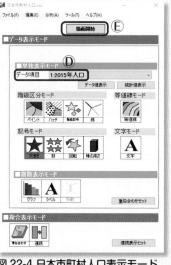

図 22-4 日本市町村人口表示モード

図 22-5 記号の
大きさモード

　このうち、図22-4の画面の「データ項目」の中から「1：2015年人口」Ⓓを選んで、画面上部の「描画開始」Ⓔをクリックすると、モノクロの日本全体の地図（図22-6）が表示されます。

図 22-3 地理情報分析支
援システム MANDARA

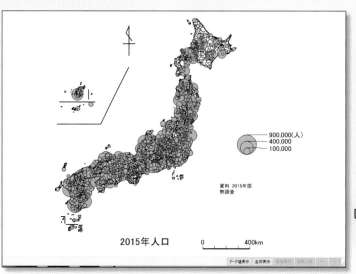

図 22-6 2015 年人口

〈地図に色をつけよう〉

MANDARA には、できあがった地図に色をつける機能もあります。図22-3の「OK」©をクリックしたときに図22-4と同時に表示される「記号の大きさモード」の画面（図22-5)の「表示記号設定」の○部分Ｆをクリックすると、「記号設定」（図23-1）が表示されます。

さらに、その画面の右にある「内部」の□部分Ｇをクリックすると、「ハッチ設定」の図23-2が表示されます。この「ハッチ設定」画面の中央下にある「色」の□部分Ｈをクリックすると、「色の指定」の画面（図23-3）が表示されます。

赤色Ｉを選択して「OK」Ｊをクリックすると、「記号設定」画面（図23-1）に戻ります。ここで記号の色が赤くなっていることを確認して、「OK」Ｋをクリックすると、「記号の大きさモード」（図22-5）Ｆの色も赤くなります。それを確認後、図22-5の「描画開始」Ｌをクリックすると、図23-4のように、データを赤く表現した色付きの地図が表示されます。

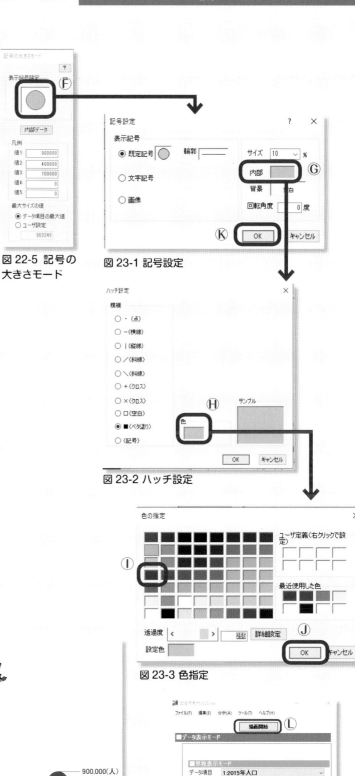

図22-5 記号の
大きさモード

図23-1 記号設定

図23-2 ハッチ設定

図23-3 色指定

図22-5 描画開始

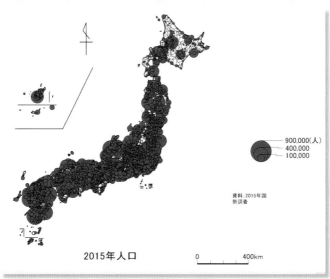

2015年人口

図23-4　2015年人口

GISソフトを使って容易に地図が描ける(2)

〈地図の表現を変えよう〉

MANDARAでは、データの表現方法を変えることも可能です。23ページでは人口が赤い円で示されましたが、今度は、人口を、面の色分けで表現してみましょう。

MANDARAの「日本市町村人口.csv」を選択し、「データ項目」で「1：2015年人口」を選ぶところまでは22ページの手順と同じです。次に前述した図22-3で「階級区分モード」の「ペイント」Ⓐをクリックすると、「ペイントモード」の図24-1が表示されます。

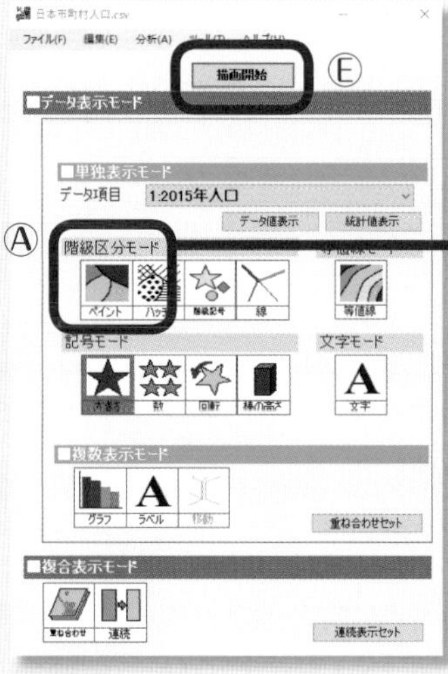

この画面で、「階級区分方法」Ⓑの「区分方法」は「自由設定」、「分割数」も5のままにして、その下にある「色設定方法」Ⓒの「カラーチャート」をクリックすると「ペイントモードカラーチャート」(図24-2)が表示されるので、その中から好きな色を選びます。ここでは上から2番目の青色Ⓓを選択。図22-3の「描画開始」Ⓔをクリックすると、図24-3の地図をつくることができます。

図22-3

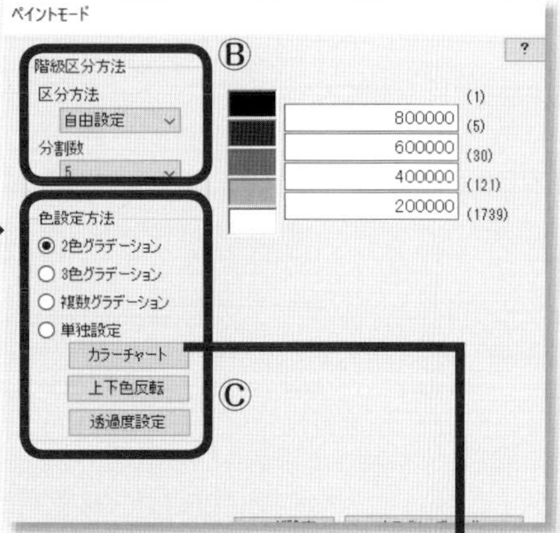

図 24-1 ペイントモード

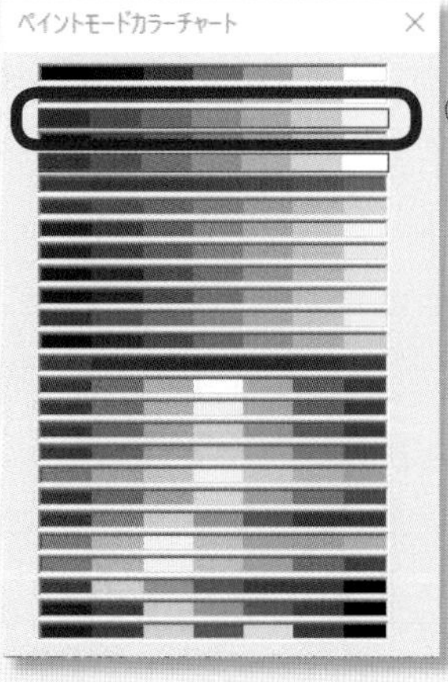

図 24-2 ペイントモードカラーチャート

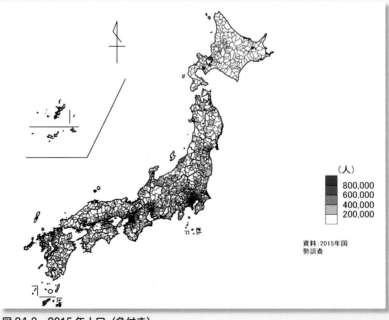

図 24-3　2015年人口（色付き）

（人）
800,000
600,000
400,000
200,000

資料：2015年国勢調査

〈MANDARAでオリジナルGISマップをつくってみよう〉

MANDARAでは、あらかじめ搭載されているデータを使った地図だけでなく、自分で入力したExcelデータを読み込ませて、オリジナルなGISマップをつくることも可能です。

ただし、そのためには、MANDARA用の形式でExcelデータを作成する必要があります。図25-1は、MANDARAのウェブサイトからダウンロードした「サンプルExcelファイル」ですが、とくに重要なのは、A列の上4段の「MAP」「TITLE」「UNIT」「NOTE」の太字部分です。

これらは「MANDARAタグ」と呼ばれており、ExcelでつくったデータをMANDARAに取り込むためのキーとなるものです。基本的に、この情報さえ入っていれば、MANDARAは機能します。

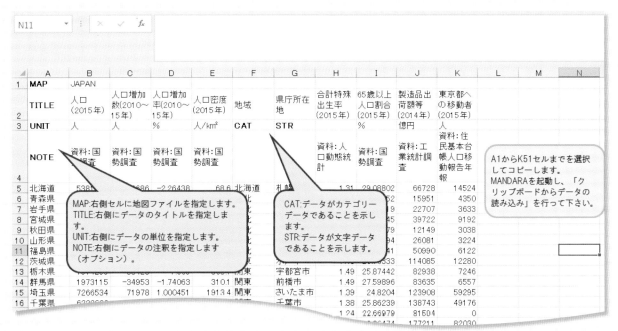

図25-1 MANDARAのトップページ（22ページ・図22-1参照）の右上枠内の「▶簡単地図作成」をクリックすると、この「サンプルExcelファイル」がダウンロードできる。

〈MANDARAタグを使ってオリジナルGISをつくろう〉

たとえば、「2020年の都道府県別の人口密度」のMANDARA地図をつくってみましょう。

まず、Excelを新規に開き、「サンプルExcelファイル」の「MAP」「TITLE」「UNIT」「NOTE」の部分をコピー＆ペースト。その下のA列には都道府県名、B列には「2020年の都道府県別の人口密度の情報」を入力して、自分のデータファイルをつくります（図25-2）。

そして、必要な部分すべて（ここでは北海道以下、47都道府県名と人口密度のデータ）をコピーして、クリップボードに置いてから、MADARAを起動します。

	A	B
1	MAP	JAPAN
2	TITLE	人口密度
3	UNIT	人／km²
4	NOTE	資料:2020年1月1日現在の人口密度
5	北海道	63
6	青森県	132
7	岩手県	81
8	宮城県	315
9	秋田県	85
10	山形県	116
11	福島県	137
12	茨城県	479
13	栃木県	307
14	群馬県	310
15	埼玉県	1946
16	千葉県	
17	東京都	

図25-2 自作のエクセル（2020年1月1日現在の住民基本台帳に基づく人口密度）

4 GIS地図はどのようにつくる

GISソフトを使って容易に地図が描ける（3）

さらに表示された「操作選択画面」（図26-1）の1番上の「クリップボードのデータを読み込む」Ⓐを選択後、OKボタンⒷをクリックします。すると、前述した「ペイントモード」（図26-2）が表示されます。

そこで今度は、その中にある「階級区分方法」の「分割数」と「色設定方法」を操作します。ここでは例として、「階級区分方法の区分方法」を「自由設定」のままで、「分割数」Ⓒを8に設定してみます。そして、続けて「色設定方法」の「カラーチャート」Ⓓをクリックすると、「ペイントモードカラーチャート」（図26-3）が表示されるので、ここでは上から5番目の赤色Ⓔを選択します。これで準備は終わりました。最後に図26-4の「描画開始」Ⓕをクリックすると、図26-6のように、各都道府県の人口密度を赤色の濃淡で表現した地図が表示されます。

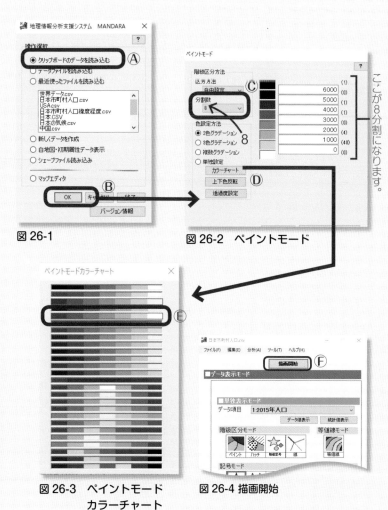

図26-1

図26-2　ペイントモード

図26-3　ペイントモード
カラーチャート

図26-4 描画開始

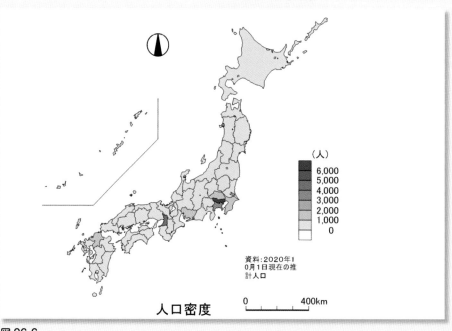

（人）
6,000
5,000
4,000
3,000
2,000
1,000
0

資料：2020年1
0月1日現在の推
計人口

0　　400km

人口密度

図26-6

このほか、MANDARAにはデータを棒グラフで表示する機能などもついています。ここでは、人口密度のデータを棒グラフで表示した地図をつくってみましょう。まず、前述した自作のExcelデータ（図25-2）をコピーして、クリップボードに置いたうえで、MADARAを起動し、「操作選択画面」（図26-1）の「クリップボードのデータを読み込む」Ⓐを選択します。そして続けて、OKボタンⒷをクリックし、図26-2の「ペイントモード」と、ペイントモードカラーチャート（図26-3）を表示させます。

ここまでは、前述した色の濃淡でデータを表示する地図をつくるときと同じですが、今度は、図27-1の「記号モード」の「棒の高さ」Ⓖをクリックします。すると、「棒の高さモード」（図27-2）が表示されます。その「棒の高さモード」の画面の中にある「内部」Ⓗの□をクリックすると、「ハッチ設定」（図27-3）が表示されます。

そこで、「色」の□①をクリックして「色の指定」（図27-4）を表示させます。たとえば緑色を選択して「OK」Ⓙをクリックし、さらに図27-5の「描画開始」Ⓚをクリックします。すると、図27-6のように人口密度が、緑色の棒グラフの高さで表現された地図が表示されます。

ここで紹介した以外にも、MANDARAには多くの機能が備わっています。そうした機能を駆使して、統計データを地図として可視化すると、さまざまなデータのもつ意味が、より理解しやすくなるでしょう。

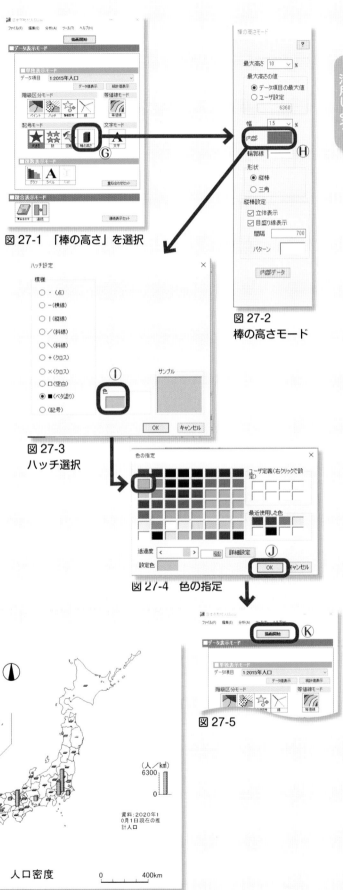

図27-1 「棒の高さ」を選択

図27-2 棒の高さモード

図27-3 ハッチ選択

図27-4 色の指定

図27-5

人口密度

図27-6 人口密度の棒グラフ

世界のＧＤＰを「カルトグラム」でチェック

　カルトグラム（cartogram）は主題図の一種で、人口や移動時間、国民総生産などを土地面積と距離に置き換えた地図です。これには、面積統計地図と距離統計地図の２種類あり、それぞれ数値を地図化することにより地形が歪んでしまいます。しかし、特定の主題について理解するには、その特徴が協調されることで、より理解しやすくなるという利点があります。

　ここで紹介するのは、アメリカの bouncymaps.com が公開している面積統計地図の一例で、2019 年の世界各国のＧＤＰ（国内総生産）を面積統計地図化したものです。

● 2019 年の世界各国の GDP

　左にある通常の世界地図は、カルトグラムになると下のようないびつな形となるが、視覚的に表現されることで、各国の GDP の規模がより理解しやすくなります。

出典：bouncymaps.com「BOUNCY MAPS Economy　Gross Domestic Product」

●主要 10 か国の 2019 年のＧＤＰ

順位	国名	ＧＤＰ	割合
1	アメリカ	19.4 兆ドル	26.3%
2	中華人民共和国	11.9 兆ドル	16.2%
3	日本	4.9 兆ドル	6.6%
4	ドイツ	3.7 兆ドル	5.0%
5	フランス	2.6 兆ドル	3.5%
6	イギリス	2.6 兆ドル	3.5%
7	インド	2.4 兆ドル	3.3%
8	ブラジル	2.1 兆ドル	2.8%
9	イタリア	1.9 兆ドル	2.6%
10	カナダ	1.6 兆ドル	2.2%

「データ＋地図」で読み解く地域のすがた

日本あっちこっち

日本の素顔を 地図で読む

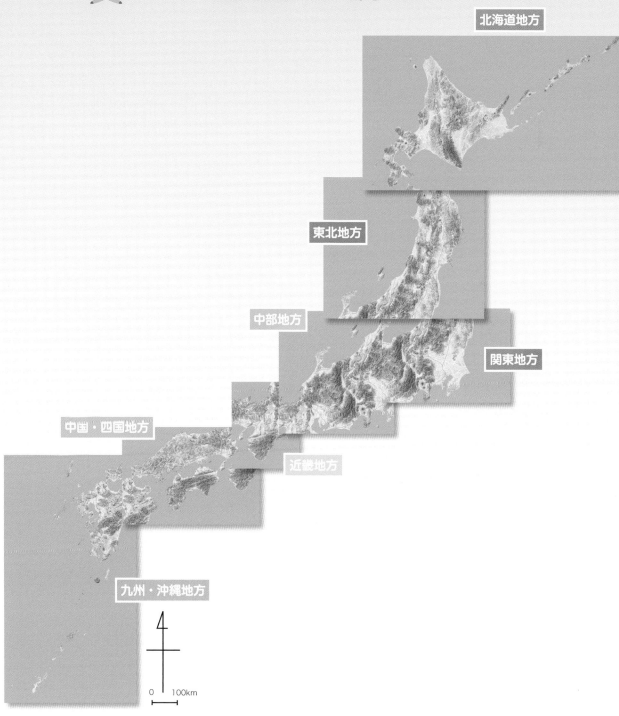

北海道地方

東北地方

中部地方

関東地方

中国・四国地方

近畿地方

九州・沖縄地方

0 100km

九州・沖縄 地方

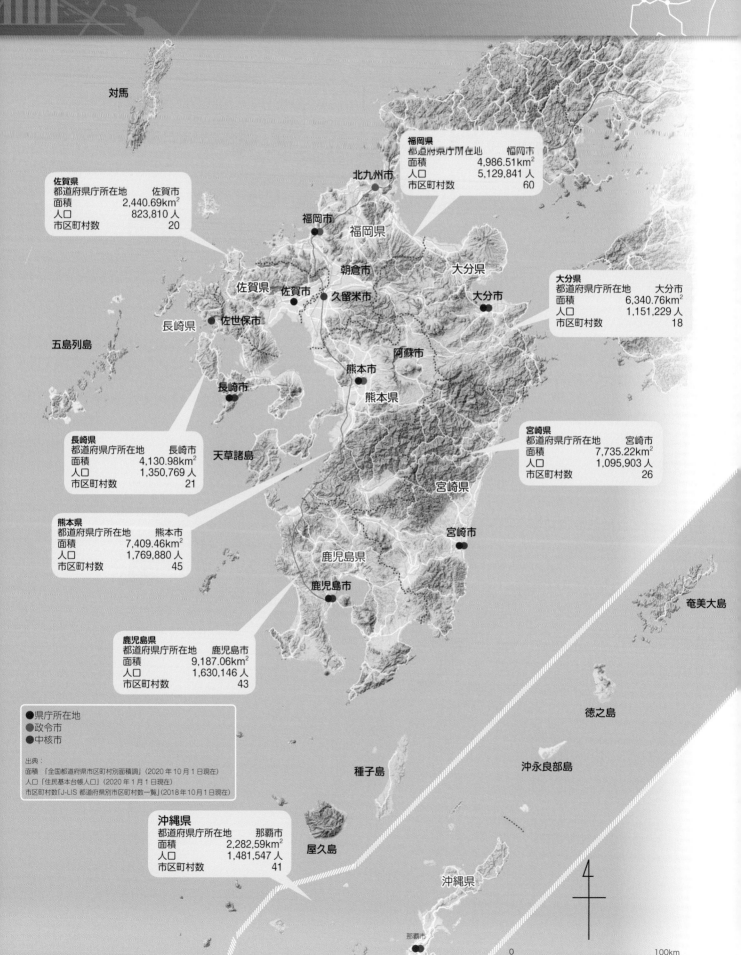

対馬

福岡県
都道府県庁所在地　　福岡市
面積　　　　4,986.51km²
人口　　　5,129,841 人
市区町村数　　　　　60

北九州市

佐賀県
都道府県庁所在地　　佐賀市
面積　　　　2,440.69km²
人口　　　　823,810 人
市区町村数　　　　　20

福岡市

福岡県

朝倉市

大分県

大分県
都道府県庁所在地　　大分市
面積　　　　6,340.76km²
人口　　　1,151,229 人
市区町村数　　　　　18

佐賀県　佐賀市　久留米市　　　　大分市

長崎県

佐世保市

五島列島

阿蘇市

長崎市

熊本市

長崎県
都道府県庁所在地　　長崎市
面積　　　　4,130.98km²
人口　　　1,350,769 人
市区町村数　　　　　21

天草諸島　　熊本県

宮崎県
都道府県庁所在地　　宮崎市
面積　　　　7,735.22km²
人口　　　1,095,903 人
市区町村数　　　　　26

熊本県
都道府県庁所在地　　熊本市
面積　　　　7,409.46km²
人口　　　1,769,880 人
市区町村数　　　　　45

宮崎県

鹿児島県

宮崎市

鹿児島市

奄美大島

鹿児島県
都道府県庁所在地　　鹿児島市
面積　　　　9,187.06km²
人口　　　1,630,146 人
市区町村数　　　　　43

徳之島

●県庁所在地
●政令市
●中核市

出典：
面積　「全国都道府県市区町村別面積調」(2020年10月1日現在)
人口　「住民基本台帳人口」(2020年1月1日現在)
市区町村数「J-LIS 都道府県別市区町村数一覧」(2018年10月1日現在)

沖永良部島

種子島

沖縄県
都道府県庁所在地　　那覇市
面積　　　　2,282.59km²
人口　　　1,481,547 人
市区町村数　　　　　41

屋久島

沖縄県

那覇市

0　　　　　　100km

本章では、交通を軸に「九州の今」を取り上げます。
新幹線、高速道路、空港のそれぞれが産業と結びついていること
を説明します。そして、九州にはユニークな歴史をもつ島が多く、
それが地理的な要因と関係していることも理解してください。

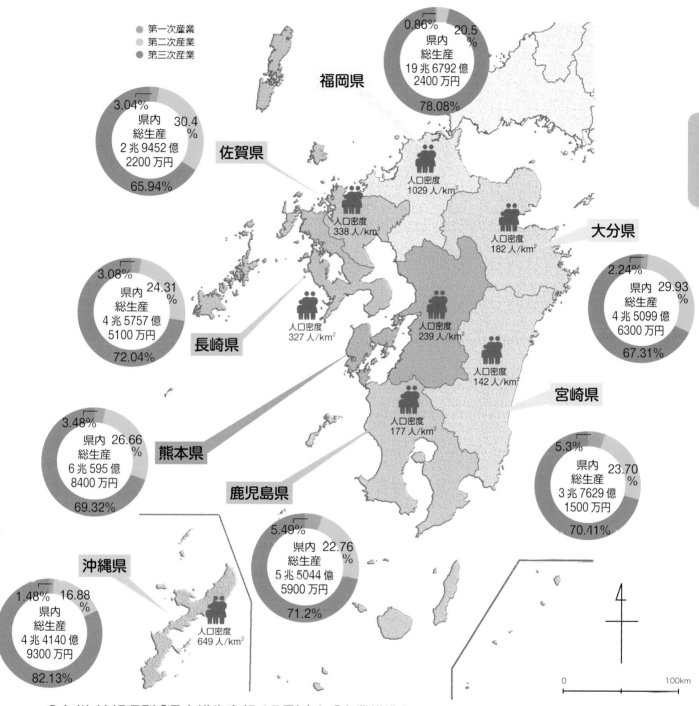

● 第一次産業
● 第二次産業
● 第三次産業

福岡県
0.86%　20.5%
県内
総生産
19兆6792億
2400万円
78.08%

佐賀県
3.04%　30.4%
県内
総生産
2兆9452億
2200万円
65.94%

人口密度
1029人/km²

人口密度
338人/km²

人口密度
182人/km²

大分県
2.24%
県内　29.93%
総生産
4兆5099億
6300万円
67.31%

長崎県
3.08%　24.31%
県内
総生産
4兆5757億
5100万円
72.04%

人口密度
327人/km²

人口密度
239人/km²

人口密度
142人/km²

宮崎県
5.3%
県内　23.70%
総生産
3兆7629億
1500万円
70.41%

熊本県
3.48%
県内　26.66%
総生産
6兆595億
8400万円
69.32%

人口密度
177人/km²

鹿児島県
5.49%
県内　22.76%
総生産
5兆5044億
5900万円
71.2%

沖縄県
1.48%　16.88%
県内
総生産
4兆4140億
9300万円
82.13%

人口密度
649人/km²

0　　　100km

●九州・沖縄県別「県内総生産額（名目）」と「産業構造」出典：県民経済計算（平成29／2017年度）

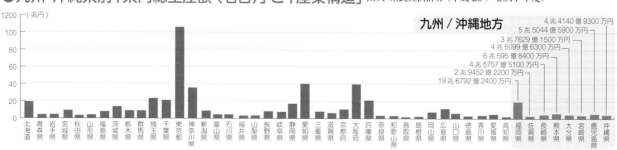

九州／沖縄地方

4兆4140億9300万円
5兆5044億5900万円
3兆7629億1500万円
4兆5099億6300万円
6兆595億8400万円
4兆5757億5100万円
2兆9452億2200万円
19兆6792億2400万円

(兆円)
1200
100
80
60
40
20

北海道　青森県　岩手県　宮城県　秋田県　山形県　福島県　茨城県　栃木県　群馬県　埼玉県　千葉県　東京都　神奈川県　新潟県　富山県　石川県　福井県　山梨県　長野県　岐阜県　静岡県　愛知県　三重県　滋賀県　京都府　大阪府　兵庫県　奈良県　和歌山県　鳥取県　島根県　岡山県　広島県　山口県　徳島県　香川県　愛媛県　高知県　福岡県　佐賀県　長崎県　熊本県　大分県　宮崎県　鹿児島県　沖縄県

31

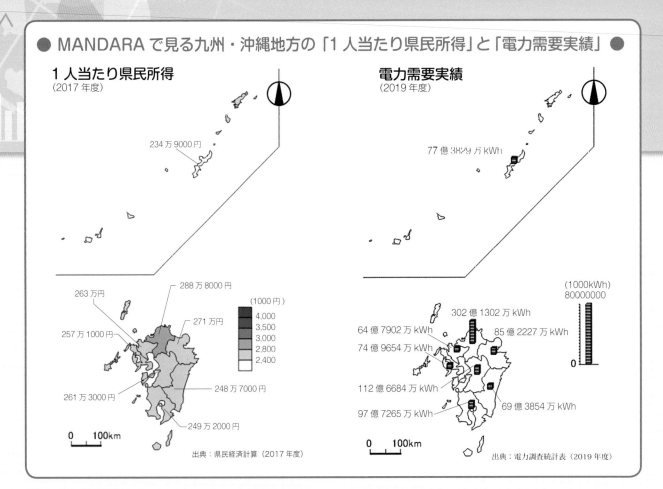

● MANDARA で見る九州・沖縄地方の「1人当たり県民所得」と「電力需要実績」 ●

1人当たり県民所得
(2017年度)

234万9000円

288万8000円
263万円
271万円
257万1000円
261万3000円
248万7000円
249万2000円

(1000円)
4,000
3,500
3,000
2,800
2,400

0 100km

出典：県民経済計算（2017年度）

電力需要実績
(2019年度)

77億3829万kWh

302億1302万kWh
64億7902万kWh
85億2227万kWh
74億9654万kWh
112億6684万kWh
97億7265万kWh
69億3854万kWh

(1000kWh)
80000000

0

0 100km

出典：電力調査統計表（2019年度）

●九州・沖縄各県の人口と高齢化率の推移

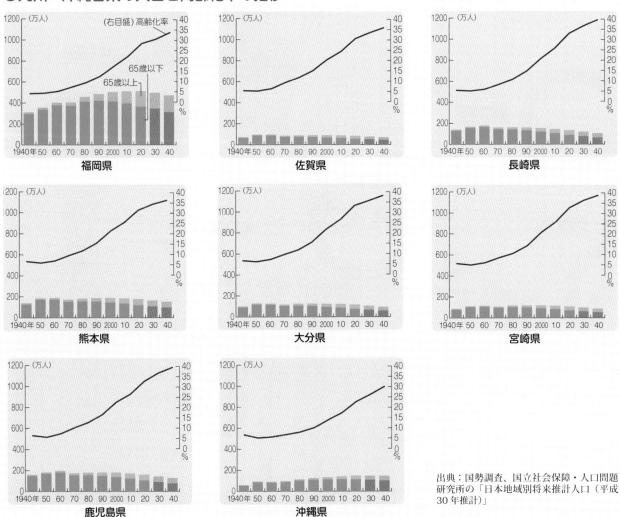

福岡県

佐賀県

長崎県

熊本県

大分県

宮崎県

鹿児島県

沖縄県

出典：国勢調査、国立社会保障・人口問題
研究所の「日本地域別将来推計人口（平成
30年推計）」

地域のようすを見てみよう▶九州・沖縄の土地（耕地）利用割合◀

出典：作物統計調査（2019 年）

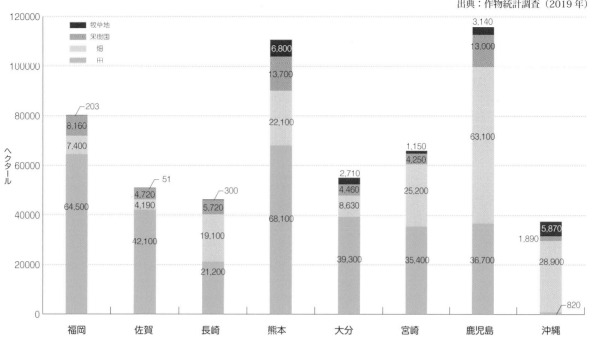

凡例：牧草地／果樹園／畑／田

県	田	畑	果樹園	牧草地
福岡	64,500	7,400	8,160	203
佐賀	42,100	4,190	4,720	51
長崎	21,200	19,100	5,720	300
熊本	68,100	22,100	13,700	6,800
大分	39,300	8,630	4,460	2,710
宮崎	35,400	25,200	4,250	1,150
鹿児島	36,700	63,100	13,000	3,140
沖縄	820	28,900	1,890	5,870

ヘクタール

九州・沖縄地方

福岡県　筑後川の中流域の朝倉市菱野にある三連水車。筑後川から水を引くためにつくられたもので、日本最古の実働する水車として、堀川用水とともに国の史跡に指定されている。© あさくら観光協会

熊本県　世界最大級のカルデラ地形の上に広がる阿蘇市の草原は、平安時代から牛馬の放牧地として利用されてきた。今でも日本有数の産地となっている。© 熊本県観光連盟

鹿児島県　県本土面積の約6割を覆うシラス台地の土壌は保水性に乏しく、やせているため、古くから、サツマイモ、ダイズ、ナタネなど、乾燥に強い畑作物を栽培してきた。© 鹿児島県観光連盟

沖縄県　水田に適した土地が限定されている沖縄では、サトウキビの栽培面積が県全土の畑の約半分で、サトウキビ栽培農家が全体の70%ほどを占めている。

1 沖縄と観光産業

▶ 沖縄は島しょからなる日本の最南端の県であり、県庁所在地の那覇のある沖縄島が最大の島です。県全体が亜熱帯地域に属していて、豊かな自然環境のもと、独自の文化や習慣が残っています。

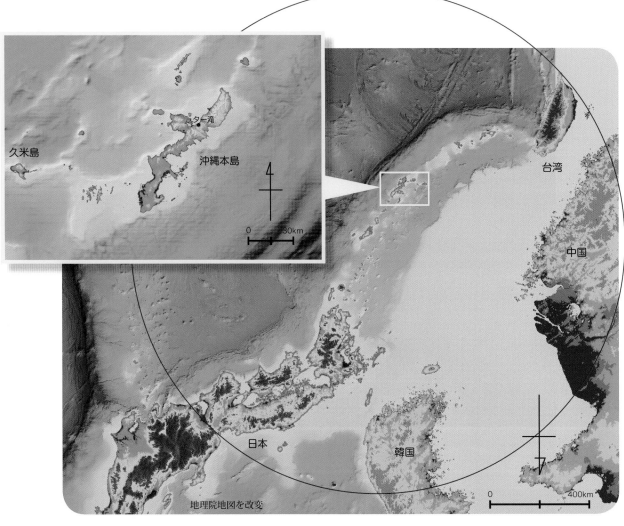

地理院地図を改変

沖縄の基礎知識　大宜味村のター滝
　年間を通して暖かな沖縄の気候は、豊かで独特の自然環境をつくり出し、さまざまな動物や植物を育ててきた。沖縄だけにしかいない種類も多く、沖縄は「東洋のガラパゴス」とも呼ばれている。© 沖縄観光コンベンションビューロー

沖縄の基礎知識
　沖縄県は沖縄本島を中心に、東西約 1,000km、南北約 400km の広大な海域に点在する 160 の島々からなっている。そのうち、沖縄本島と橋などで連結されているのは 11 島。それ以外の人の住む離島では、定期船が人々の生活に欠かせない。写真は、沖縄本島（那覇）、渡名喜島、久米島を結ぶ久米商船の「フェリー琉球」。出典：kumeline.com

沖縄県の地理的な条件から生まれるその魅力と観光について考えます。

那覇空港

Q1 沖縄県における観光業を、地理的・経済的な視点から整理してみましょう。

●沖縄県が人気観光地となっている秘密は、なんでしょうか？

　「沖縄県は日本で唯一、亜熱帯地域に属し、一年を通して温暖な気候に恵まれています。青く広がる海は、色鮮やかな熱帯魚やサンゴ礁などが息づく生き物たちの宝庫です。そして沖縄本島北部や離島に残る森林では、国内外でも珍しい動植物や昆虫が生息しています」（沖縄県ホームページより）。

　こうした自然環境に恵まれた沖縄県には、年間を通して観光客が訪れます。東京から1556km、鹿児島からも650km離れたこの沖縄に観光客を運ぶのは、ほとんどが飛行機です。

　東京からは羽田空港31便・成田空港7便、関西からは伊丹空港5便・関西空港16便が往復しています。沖縄本島から離れた石垣島や宮古島にも、羽田路線があります。羽田－石垣間は国内路線最長距離の約1,950km（直線距離）です。

　政府は、那覇空港を離発着する航空路線には、本来かかる着陸料やその他の費用を安くして、航空会社の負担を軽減しています。この政策によって、航空機による路線を新設したり、維持しやすくし、少しでも多くの人が沖縄に来やすいようにしているのです。

　沖縄県の観光業をバックアップして、人気観光地を支える秘密といえるでしょう。

沖縄への主な直行便ルート

北海道エリア
新千歳

東北エリア
仙台

中国エリア
岡山、広島

九州エリア
福岡、熊本、長崎、鹿児島

関東エリア
羽田、成田、茨城

中部エリア
新潟、小松、中部

近畿エリア
関西、大阪、神戸

四国エリア
高松、松山

0　　　200km

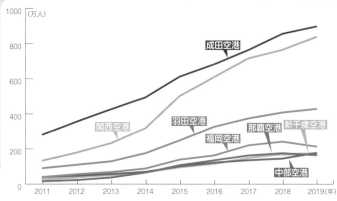

図 36-1　空港別の外国人入国者数の年次推移

出典：法務省 出入国管理統計統計表

●訪日外国人観光客による経済的意味を考えてみましょう

　沖縄で期待されているのがさらなるインバウンド旅客の増加です。インバウンド旅客とは海外から日本に旅行者として入国する人たちのことです。彼らのほとんどが飛行機でやってきますが、最近は世界各国を回るクルーズ船を使って入国する人も増えています（図36-2、図36-3）。

　34ページの地図を見てみましょう。右の大きな縮尺の地図は、沖縄本島を中心に通常の地図の南北を逆にしたものです。東京・沖縄間の距離が意外と離れていることとともに、中国・香港や台湾との近さがよくわかります。この地理的な条件が、沖縄県のインバウンド旅客が多くなっている1つの理由だといわれます。

　また、上の図 36-1は日本国内の主な空港別の外国人入国者数の推移を示しています。実数として多いのは成田空港や関西空港ですが、福岡・那覇といった九州地方の空港の伸び率もきわめて大きいことがわかります。福岡空港も地理的には中

国大陸や朝鮮半島に近く、インバウンド旅客を集客しているといえるでしょう。

　しかし、福岡と那覇の2つの空港は、まかなえる航空機の容量はすでにいっぱいで、離発着も限界になってきています。そのため、那覇空港では2020（令和2）年に第2滑走路が供用され、福岡空港でも 2024（令和6）年に滑走路は2本となります。

　さて、このようなインバウンド旅客のもつ経済的な意味は何でしょうか。

　入国したインバウンド旅客は各地でホテルや旅館に泊まり、飲食をします。また、シンガポールやオーストラリアなどのイギリスの植民地だった国から訪れた人は、日本と同じように車は左側通行ですから、レンタカーで各地を回る人も多いのです。こうして、日本の財やサービスを購入してくれているのですから、これは日本の財が海外に売れたことと同じ意味となります。つまり、インバウンド旅客は日本にとっては財を輸出したのと同じ意味をもつのです。

図 36-2　観光客数と観光収入の推移

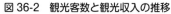

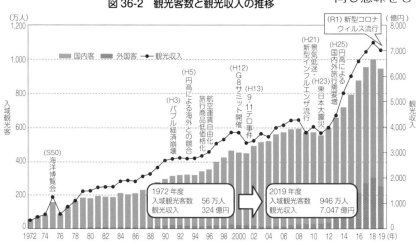

図 36-3　外国人観光客の推移（空海路別）

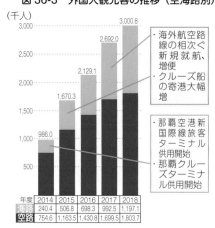

年度	2014	2015	2016	2017	2018
海路	240.4	506.8	698.3	992.5	1,197.1
空路	754.6	1,163.5	1,430.8	1,699.5	1,803.7

出典：沖縄県ホームページ

図 37-1　米軍占領下の沖縄・国際通り
道路の右を車が通行している様子がわかる。

●沖縄の主力産業が「観光業」となっているもう１つの秘密は何でしょうか？

なぜ、沖縄の主力産業が観光なのか、という根本的なことを考えていきましょう。

もちろん、豊かな自然や温暖な気候、珍しい景観などの観光資源の存在は見逃せません。同時に第二次世界大戦中の 1945 年にはアメリカが沖縄における日本の権限を停止し、戦後もアメリカの統治下におかれたときの通貨政策が影響していることも、少なくはありません。

どんな影響なのでしょうか。

占領下の沖縄では、正式な通貨は B 円というアメリカの軍票（軍用手票の略：戦地や占領地で軍が正貨に代えて発行する紙票）でした（図 37-2）。この軍票の公式レートは、1950 年 4 月以降、

日本円３円＝１ B 円（１ドル＝120 B 円）

となっていました。当時の日本の為替レートは公式には１ドル＝ 360 円という固定の為替レートだったので、それと比べれば、いかに円の価値が高かったか、つまり円高（ドル安）だったかがわかります。

図 37-2　アメリカの軍票　B 円

1971 年のアメリカのニクソン政権による金とドルの交換停止までは、固定相場である１ドル＝360 円、という円安が、日本企業の輸出競争力を支えていたともいえます。

対照的に沖縄は円高の状態にありましたから、アメリカ軍が必要な本国からの物資も含め、輸入品は割安に入手できました。しかし、沖縄から輸出するモノは必然的に割高となり、少なくとも市場における競争力はそがれてしまっていたのです。

1950 年代以降、日本の輸出の主力品は

［繊維 →化学繊維 →鉄鋼 →自動車 →半導体］

と変わっていきました。しかし、いずれも沖縄の製品ではありません。通貨政策の影響もあり、沖縄には輸出を主力とする製造業は立地しませんでした。つまり多くの労働者を安定的に雇用する産業が育たなかったことで、雇用基盤が弱く、失業率が他県に比べて高くなっているのが現在の状況です。

図 37-3　米軍基地内で働く女性たち。
1948 年撮影　所蔵：沖縄県公文書館

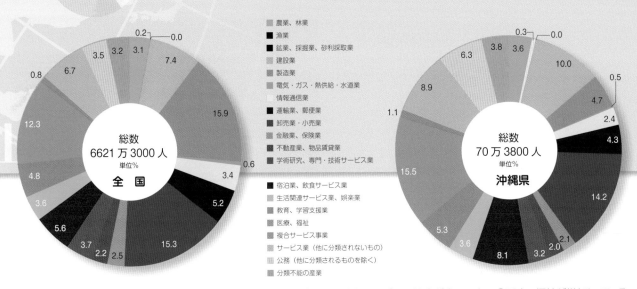

凡例：
- 農業、林業
- 漁業
- 鉱業、採掘業、砂利採取業
- 建設業
- 製造業
- 電気・ガス・熱供給・水道業
- 情報通信業
- 運輸業、郵便業
- 卸売業・小売業
- 金融業、保険業
- 不動産業、物品賃貸業
- 学術研究、専門・技術サービス業
- 宿泊業、飲食サービス業
- 生活関連サービス業、娯楽業
- 教育、学習支援業
- 医療、福祉
- 複合サービス事業
- サービス業（他に分類されないもの）
- 公務（他に分類されるものを除く）
- 分類不能の産業

全国　総数 6621万3000人　単位%

沖縄県　総数 70万3800人　単位%

図 38-1　全国と沖縄の就業構造　沖縄県の就業構造の特徴は、①宿泊・飲食サービスの比率が高いこと。②医療・福祉が増加していること。③公務の比率が高いこと。④建設業の比率が高いこと、である。

出典：平成29年就業構造基本調査

●沖縄の産業構造から 観光業の今を確認しましょう

　沖縄県の産業構造を国勢調査にもとづいて概観しましょう。国勢調査には観光業という定義はありません。観光が産業として認識されたのが比較的新しいことに加え、多くの業種にわたるため接続が難しいことなどが理由です。現在、観光庁を中心に観光統計が整備されているところです。

　南西地域産業活性化センター試算では、沖縄の県内総生産に占める観光業の比率は10〜11%程度という結果が出ています（当該センターにおける定義で分析）。

　さて、沖縄県の就業構造の特徴は、宿泊・飲食サービスの比率が、全国に比べて高いことがあげられます。観光産業の代表である業種ですが、これは全国的に雇用者数が減少しており、沖縄でもその傾向があります。しかし、比率は全国平均より多く、沖縄の観光業への依存を示唆しています。

　次に、医療・福祉が増加していることも特徴です。これは、社会保険という政府支援のある領域への依存を示唆しています。雇用基盤の乏しい地域の特徴でもあり、また沖縄では有料老人ホームも増加しています。これが医療・福祉の業種の雇用増加を後押ししています。

　さらに、公務の比率が全国に比べて高いこともわかります。これも医療・福祉の増加と同じ理由で、公共事業や、県庁・市役所をはじめとする政府機関の雇用は多く、重要な業種です。そして公務に依存する、建設業（公共事業の工事を中心とする）の比率も高くなっているのです。

Q2 沖縄の新しい産業 航空貨物の可能性について考えよう

●飛行機を使った航空貨物のしくみ

　全日本空輸（ANA）は那覇空港に貨物基地をつくりました。その理由は 34ページの地図からもわかるように、物理的な距離がアジアに近いことです。取引を行おうとする会社は、その営業が終わる夕方に日本各地から那覇空港に貨物を集め、深夜にアジアに送ることができるのです。すると、翌朝にはアジア各地でその貨物が受け取れます。図 39-1は貨物専用機の内部ですが、通常の航空機とは違い、貨物を乗せやすくするため、座席が取り払われていることがわかります。

　旅客の減る夜間に専用機を使って世界中に貨物を運ぶというしくみは、那覇空港が初めてではあ

図 39-1　貨物専用機の内部
（写真提供：中村洋祐氏）

りません。1980年代からアメリカ・テネシー州メンフィスやケンタッキー州ルイビルの空港でも大規模に行われています。那覇には新しい雇用が生まれているのですが、悩みはこうしたアメリカの空港と比べて貨物も少なく、貨物の輸送単価が下がらないことです。

　こうした空港の使い方は「ハブ・アンド・スポーク」(HS) という考え方を利用した輸送方法です。図39-2はその考え方を示した模式図です。

　図の■を空港と考えましょう。左のように直行便でしか結ばれていない空港同士では、5つのペアしかできないのですが、右のような HSの使い方にすると、多くのペアができます。たとえば、図39-2の★印の都市に行けるのは Bの都市からの路線だけでした。ところがハブを経由すると、いろいろな都市からの路線で★印の都市に行けます。こうして運べる地点を増やす方法で、旅客や貨物を増やして運航の効率性を高めるのです。

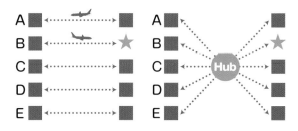

図 39-2　ハブ・アンド・スポーク (HS) の考え方

地理的条件を活かした貿易（沖縄）

　日本の歴史から沖縄をひもといてみましょう。中世から近世にかけて、琉球王国といわれていた沖縄では、その地理的条件から、中継貿易で大きな役割を果たしました。その交易範囲は東南アジアまで広がり、とくにマラッカ王国（今のマレーシア）との深い結びつきが知られています。

　また、江戸時代になると、中国から日本へ生糸・薬種・砂糖を運び、日本から中国へは銀、干鮑や昆布などをもたらしました。当時の琉球を支配していた薩摩藩は、その利益を掌握し藩財政も潤いました。

　現在はどうでしょうか？　現在は、旅客の増加と同様に、那覇港や那覇空港を利用した国際貨物が増大してきています。国際ブランド農産品である、青森りんご、山梨ぶどう、新潟米、北海道メロンなど20品目を世界各国に輸出しているのです。一例として、青森ホタテは、ヤマト運輸によって国際間の小口保冷で香港へ輸出されます。

　地理的条件を活かし、日本各地の「グローバル地方創成」を支える拠点として活きる沖縄なのです。

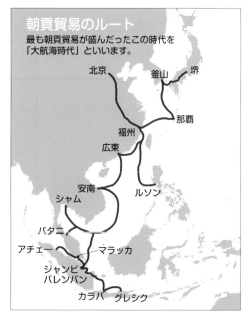

朝貢貿易のルート
最も朝貢貿易が盛んだったこの時代を「大航海時代」といいます。

② 離島のキリスト教会群

▶ 長崎県と熊本県にある「長崎と天草地方の潜伏キリシタン関連遺産」は、2018年度にユネスコ世界遺産へ登録され、日本では22件目の世界遺産(文化遺産)となりました。

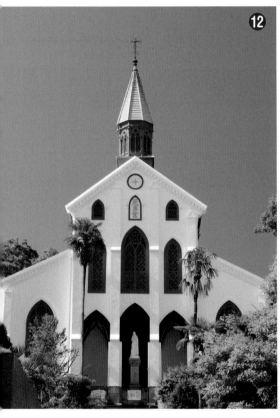

© 長崎県観光協会（写真掲載については、長崎大司教区の許可を頂いています。）

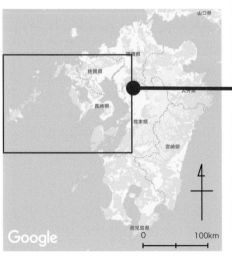

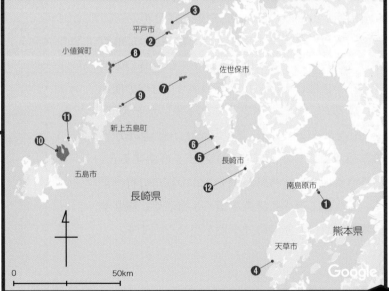

【構成資産】

❶ 原城跡（長崎県南島原市）
❷ 平戸の聖地と集落 [春日集落と安満岳]（長崎県平戸市）
❸ 平戸の聖地と集落 [中江ノ島]（同上）
❹ 天草の﨑津集落（熊本県天草市）
❺ 外海の出津集落（長崎県長崎市）
❻ 外海の大野集落（同上）

❼ 黒島の集落（長崎県佐世保市）
❽ 野崎島の集落跡（長崎県北松浦郡小値賀町）
❾ 頭ヶ島の集落（長崎県南松浦郡新上五島町）
❿ 久賀島の集落（長崎県五島市）
⓫ 奈留島の江上集落 [江上天主堂とその周辺]（同上）
⓬ 大浦天主堂（長崎県長崎市）

Q1 離島に残るキリシタン関連遺産にはどんな地理的な特徴があるでしょうか？

長崎と天草地方のキリスト教の歴史

1 宣教師不在とキリシタン「潜伏」のきっかけ	1550	ザビエルが平戸で宣教する（長崎地方にキリスト教が伝来）
	1562	平戸の春日集落に「慈悲の組」が設立される
	1563	大村純忠が横瀬浦で洗礼を受ける（日本初のキリシタン大名）
	1569	宣教師がトードス・オスリントス教会を長崎の桜馬場に建設する（長崎で最初の教会堂）
	1580	有馬晴信が白野江城で洗礼を受ける
	1582	天正遣欧使節が長崎から出港する
	1587	豊臣秀吉が伴天連追放令を発布する
	1590	天正遣欧使節が長崎に帰着する
	1597	豊臣秀吉が宣教師や信徒26名を西坂で処刑する（日本二十六聖人の殉教）
	1603	江戸幕府が開かれる。
	1604	有馬晴信が原城を完成させる
	1614	江戸幕府が全国にキリスト教禁教令を発布する
	1622	宣教師や信徒ら55名が西坂で処刑される（元和の大殉教）
	1628	「絵踏」が始まる
	1630	寺請制度が始まる
	1637	島原・天草一揆が起こる（～1638）
	1639	ポルトガル船の来航を禁止する
2 潜伏キリシタンが信仰を実践するための試み	1641	オランダ商館を平戸から長崎の出島へ移す
		→海禁体制が確立する（鎖国）
	1644	最後の宣教師が殉教し、国内に不在となる
	1657	大村領内の潜伏キリシタンの存在が発覚する（郡崩れ）
	1660	豊後で潜伏キリシタンの摘発が始まる（豊後崩れ）
	1661	尾張で潜伏キリシタンの摘発が始まる（濃尾崩れ）
	1790	長崎の浦上で潜伏キリシタンの摘発が起こる（浦上一番崩れ）
3 潜伏キリシタンが共同体を維持するための試み	1797	大村藩と五島藩の間に、百姓移住の協定が設立する
	1805	天草で潜伏キリシタンが摘発される（天草崩れ）
	1842	長崎の浦上で潜伏キリシタンが摘発される（浦上二番崩れ）
	1854	日米和親条約により開国する
	1856	長崎の浦上で潜伏キリシタンが摘発される（浦上三番崩れ）
	1859	函館、横浜とともに長崎を開港する
	1862	ローマで日本二十六殉教者の列聖式を行う
	1863	パリ外国宣教会の神父2名が横浜から長崎に入る
	1864	居留地の西洋人のために大浦天主堂を建設する
4 宣教師との接触による転機と「潜伏」の終わり	1865	浦上の潜伏キリシタンが大浦天主堂で宣教師に信仰を告白する（信徒発見）
	1867	長崎の浦上で潜伏キリシタンが摘発される（浦上四番崩れ）
	1868	明治政府が発足し、改めて禁教の高札を掲示する
		五島で潜伏キリシタンの摘発が始まる（五島崩れ）
	1873	寺請制度が廃止され、禁教の高札が取り除かれる（キリスト教の黙認）
		→以後、カトリックに復帰した各地の集落に教会堂が建設される
	1875	大浦天主堂の隣に神学校が建設される
	1889	大日本帝国憲法が発布される（信教の自由を明記する）
	1918	五島に江上天主堂が建設される

出典：「世界文化遺産　長崎と天草地方の潜伏キリシタン関連遺産」を改変

●世界遺産への登録とその影響

　日本は、1992年にユネスコの世界遺産条約（「世界の文化遺産及び自然遺産の保護に関する条約」1972年採択、1975年発効）を締結しました。1993年から世界遺産への登録が進められていて、2020年度までに文化遺産19件、自然遺産4件の計23件が登録されています。

　2018年度の世界遺産登録が実現した、「長崎と天草地方の潜伏キリシタン関連遺産」は、長崎県の半島部の西側と五島列島に連なる離島および熊本県天草にあります(左ページ参照)。

　世界宗教として信仰されるキリスト教(信者は世界総人口のうち3割以上を占める)に関わる世界遺産ということから、この登録によって、世界各国から多くのキリスト教徒が長崎や天草地方を訪れると予想されます。世界遺産に登録されることは、文化財や自然環境の維持・管理としての意味だけではなく、観光振興のきっかけになるということからも、長崎県と熊本県は受け入れ体制に力を入れています。

●潜伏キリシタンの地理的な特徴

　世界遺産に登録されたキリスト教会に共通するのは、不便な地域にあることです。江戸幕府によって禁じられたキリスト教を、「潜伏キリシタン」として信奉していた人びとが、幕府から身を隠せたのは、その不便さゆえでした。

　それぞれの教会はいずれも海岸地域にありますが、その背後には山地が迫っています。この地域

世界遺産に登録された12の構成要素があります。さまざまな時代の関連遺産となっています。

にはリアス式海岸が発達しており、そのわずかな平地に建てられたものなのです。背後の山地は外界との自然の障壁となり、人びとは主に舟で島々を往来していました。ただし、山地ゆえに、飲み水には困りませんでした。

　なお、歴史的にあまり知られていないことですが、この地域では江戸時代の禁令よりも、明治初期に出されたキリシタン禁令の高札（こうさつ）によって、処刑された者が多かったといわれています。

3 九州は「ひとつ」か 「ひとつ ひとつ」か？

▶ 九州地方にある7県それぞれの結びつきを考えてみましょう。九州の玄関口である福岡県と、西側の佐賀県や熊本県、長崎県、鹿児島県は鉄道網によって結ばれています。東側の大分県や宮崎県とは高速道路網が整備されました。さらに、新幹線の整備計画もあります。

図 43-1　山がちな九州中央部
地理院地図

Q1 九州にある各県の結びつきを、地理的な側面から整理してみましょう。

●地図から九州の地形と交通について気づくことは何でしょうか？

山陽新幹線で九州に向かうと、関門海峡トンネルを出ればまもなく小倉駅に着きます。そこから、わずか15分ほどで福岡市の鉄道の玄関口である博多駅に到着します。博多は山陽新幹線の終着駅で、ここから先は、2011年3月12日に開通したJR九州新幹線となります。

もともと、九州を南北に貫通して旅客輸送を担っていたのは、東側は日豊本線、西側は鹿児島本線という2つの鉄道でした。図43-1にあるように、九州の中央部は山がちであり、東西に平地が続いています。そこに2つの鉄道が通っていたことがわかります。九州新幹線は鹿児島本線側に建設され、東側の日豊本線は在来線として残っています。

次に道路を見てみましょう。東に国道10号、西に国道3号が貫通しており、鳥栖（佐賀県）からは国道34号が長崎方面に、また、大分と熊本の間には中央構造線にそって山脈の切れ目があり、そこに国道57号が通っています。

ちなみに、2016年4月の熊本地震の被害が国道57号に大きな被害をもたらしたことは記憶に新しいところです。この国道はちょうど熊本県内で、日奈久と布田川という大きな断層帯の近くを通っていて、そのことが大きな原因となりました。つまり、山脈の切れ目にできた平地は交通整備の適地になりますが、自然災害がもたらされる可能性も高いのです。歴史的に見ると、こうした九州の中央部の山岳地形が九州域内の往来を難しくさせていたことは間違いありません。長い間、九州各県、各地域間の流動が活発ではなく、「九州はひとつ ひとつ」といわれている理由でもあります。

●大規模な空港は何のためにつくられたのでしょうか？

このことを示唆するのが九州各県の空港の規模です。域内最大の空港は福岡空港で、年間2000万人以上の旅客があります。日本の空港の中でも羽田（東京都）、新千歳（北海道）について第3位の旅客数となっています。さらに、那覇（沖縄県）、鹿児島、熊本、宮崎、長崎と、旅客数の上位を占める空港がならびます。いずれの空港でも国内線の中心を占めるのは羽田路線で、それぞれが独立して東京と結びついているのです。

図43-2は日本全体の路線ごとの旅客数を示していますが、年間旅客数100万人を上回る上位20路線のうち、九州路線が11路線を占めていることがわかります。

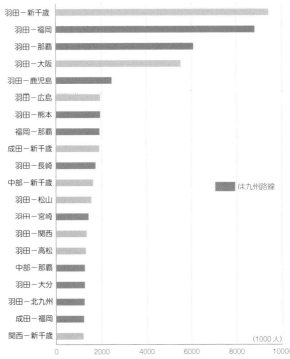

図43-2　路線別旅客数上位20路線（特定本邦航空運送事業者に係る情報・国土交通省）出典：航空輸送統計速報（2019年）

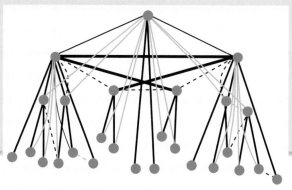

● 市町村　━━━━ 道路や鉄道・航空路線

図44-1　都市システム（市町村規模と交通のつながりのイメージ）

Q2 これからの九州各県の結びつきを、新しい状況から考えてみましょう。

●都市と交通の関係を整理してみましょう

ここで「都市」を考えてみましょう。

東京23区は人口規模からみれば、日本最大の都市です。「大都市」というくくりで考えたとき、それは単に人口規模だけが基準なのでしょうか。

実際には、国の三権（立法・司法・行政）にかかわる機関や多様な企業の本社が集中しているのは、東京23区だけです。東京23区にはこれ以外にも、コンビニからデパートまで大小さまざまな種類の店もあります。このような活動の裏付けとして、就業人口だけではなく居住人口も多いのです。

また、東京に隣接する横浜、川崎といった都市には、東京23区に通勤する人びとが居住しています。都市人口が多く、通勤や買い物といったつながりのある都市のことを都市圏といいます。

そして、札幌、大阪、広島、福岡といった、いわゆる政令指定都市、地方都市は、都市機能という点でそれぞれの地方において中心的な役割を果たす拠点となっています。道府県庁の所在地であるほか、それぞれの地方で企業の統括を担う支店が置かれていることも多いからです。

東九州自動車道　2016年4月24日椎田南IC〜豊前ICが開通。
https:// www.w-nexco.co.jp

大都市と大都市は大きな（太い）道路や航空路線で結ばれます（図44-1参照）。大都市と小都市、中都市と中都市といったさまざまな組み合わせの結びつきがあり、それぞれに交通が整備されています。日本全体で考えると、東京はそうした結びつきの頂点とも考えられます。これを九州全域で考えると、福岡がそれにあたります。そのため福岡と、東京や大阪などの大都市間が大きな道路や鉄道、航空路でなどで結ばれるわけです。なお、九州では福岡と熊本の中心論争のようなものがあります。熊本の方が歴史もあり、地理的には「へそ」であるという主張があるのです。

●九州地方の都市と交通についてその結びつきを検証しよう

さて、都市活動の大小に応じて交通の大きさも決まってくると述べましたが、その反対の現象もあります。交通を整備することによって流動が拡大するということです。航空路線や道路の開設はまさにそれにあたるでしょう。交通が整備されるまで、東京と九州各都市との関係や九州の都市間の関係は今ほど深くなかったのです。航空路線や道路が開設されたことによって、人やモノの流動が大きくなりました。

このことを地図で確かめてみましょう。図45-1は1975年と2009年の旅客流動を、図45-2は同期間の貨物流動を示しています。2009年にはまだ新幹線は開通していませんから、輸送は航空路線の多い福岡—鹿児島・宮崎を除けば、主に道路と鉄道が輸送を担っていました。また、東九州自動車道は大分までしか開通しておらず、

44

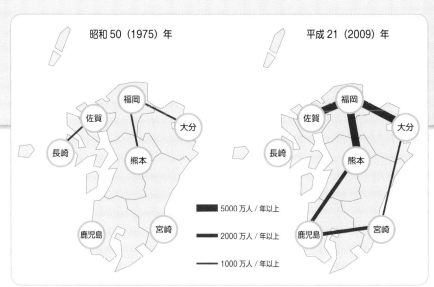

図 45-1　九州の旅客流動の変化

東九州自動車道豊前インターチェンジ
https:// www.w-nexco.co.jp

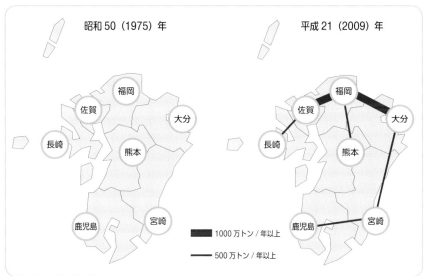

図 45-2　九州の貨物流動の変化

出典：NEXCO西日本事業評価監視委員会、再評価資料において国土交通省「貨物・旅客地域流動調査」にもとづいて作成した図を改編（22年度以降に調査方法が変更された）

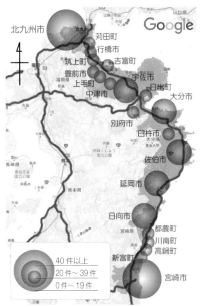

図 45-3　東九州自動車道
開通以降の企業立地の変化

大分以南の流動が細くなっていることもわかります。

　図 45-1を見ると、1975年の旅客流動が北部九州でとまっており、しかも、北部の中でも佐賀、長崎とそれ以外のつながりが途絶えていることが読み取れます。ところが、2009年には、北部と南部もつながっていることがわかります。そして、東西の流動を比較すると、福岡、熊本、長崎という西のルートの流動がより大きく、2011年に開通した新幹線はより需要の大きいルートが選ばれていたことがわかります。

　図 45-2は貨物流動を示しています。ここでも、2009年には大分で止まっていた高速道路の影響で大分以南には大きな流動がありませんでした。それに対して、熊本と宮崎の間には国道が走っており、それを利用した南北の貨物流動があったことがわかります。図 45-3は大分以南における東九州自動車道路開通以降の企業立地の変化を示しています。

　このように、交通整備によって人やモノが動くようになり、「九州はひとつ」といわれる状況を目指しています。

中国・四国 地方

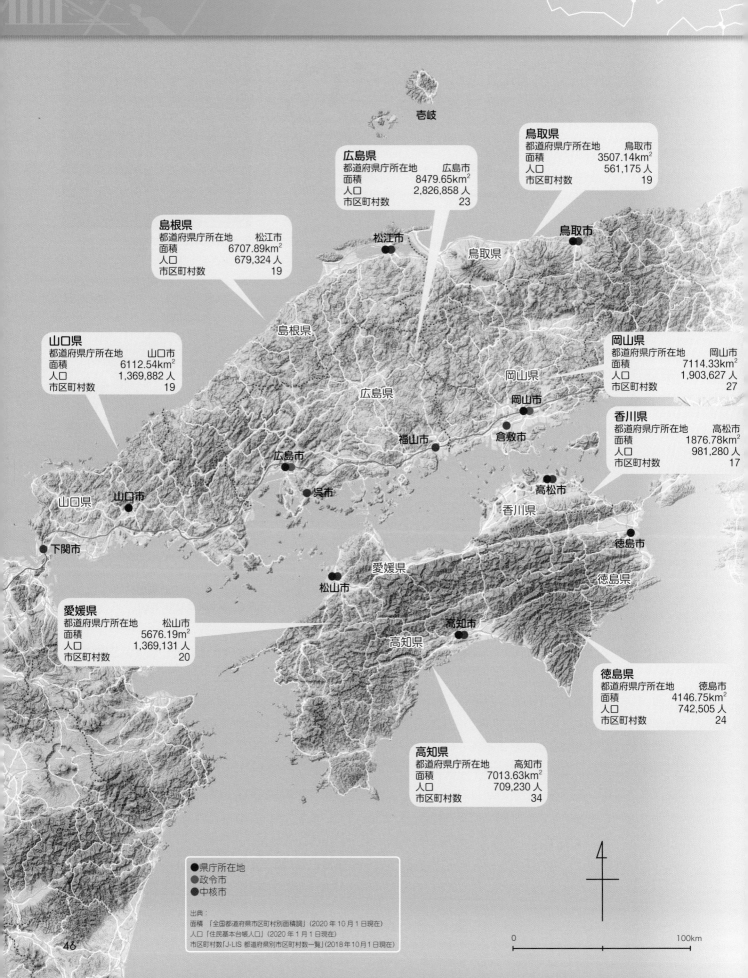

壱岐

広島県
都道府県庁所在地　　広島市
面積　　　　　　　8479.65km^2
人口　　　　　　2,826,858 人
市区町村数　　　　　　　23

鳥取県
都道府県庁所在地　　鳥取市
面積　　　　　　　3507.14km^2
人口　　　　　　　561,175 人
市区町村数　　　　　　　19

島根県
都道府県庁所在地　　松江市
面積　　　　　　　6707.89km^2
人口　　　　　　　679,324 人
市区町村数　　　　　　　19

山口県
都道府県庁所在地　　山口市
面積　　　　　　　6112.54km^2
人口　　　　　　1,369,882 人
市区町村数　　　　　　　19

岡山県
都道府県庁所在地　　岡山市
面積　　　　　　　7114.33km^2
人口　　　　　　1,903,627 人
市区町村数　　　　　　　27

香川県
都道府県庁所在地　　高松市
面積　　　　　　　1876.78km^2
人口　　　　　　　981,280 人
市区町村数　　　　　　　17

愛媛県
都道府県庁所在地　　松山市
面積　　　　　　　5676.19m^2
人口　　　　　　1,369,131 人
市区町村数　　　　　　　20

徳島県
都道府県庁所在地　　徳島市
面積　　　　　　　4146.75km^2
人口　　　　　　　742,505 人
市区町村数　　　　　　　24

高知県
都道府県庁所在地　　高知市
面積　　　　　　　7013.63km^2
人口　　　　　　　709,230 人
市区町村数　　　　　　　34

松江市
鳥取市
鳥取県
島根県
岡山県
広島県
岡山市
福山市　倉敷市
広島市
呉市
高松市
香川県
徳島市
山口県　山口市
徳島県
下関市
愛媛県
松山市
高知市
高知県

● 県庁所在地
● 政令市
● 中核市

出典：
面積　「全国都道府県市区町村別面積調」(2020 年 10 月 1 日現在)
人口 「住民基本台帳人口」(2020 年 1 月 1 日現在)
市区町村数「J-LIS 都道府県別市区町村数一覧」(2018 年 10 月 1 日現在)

0　　　　　　　100km

本章では、過疎と集中という観点からこの地域を取り上げます。
島根県邑南町をはじめとする町おこしを効率と公平の観点から考えま
しょう。また、人口や産業の集中する瀬戸内に近代的な交通整備が進め
られたのは、その自然条件が影響していることを理解してください。

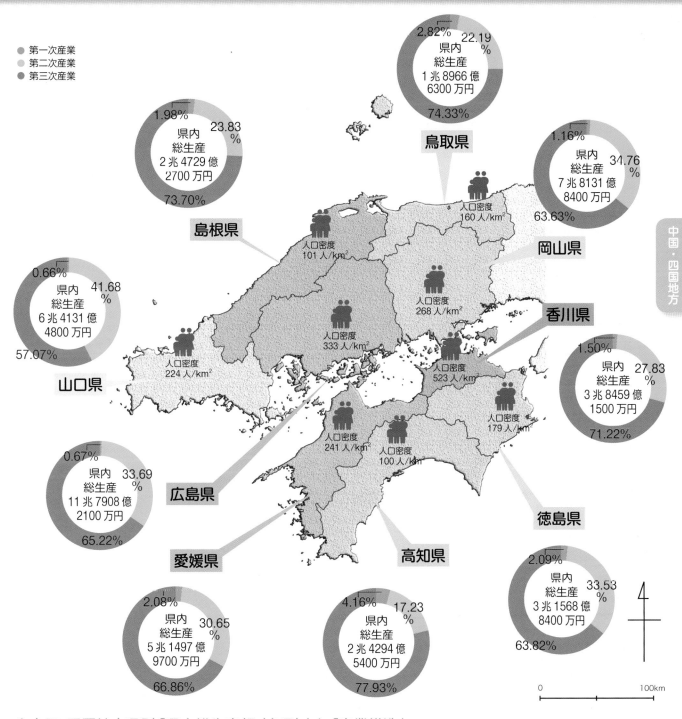

- 第一次産業
- 第二次産業
- 第三次産業

鳥取県
2.82% 22.19%
県内総生産
1兆8966億6300万円
74.33%

島根県
1.98% 23.83%
県内総生産
2兆4729億2700万円
73.70%
人口密度 101人/km²

岡山県
1.16% 34.76%
県内総生産
7兆8131億8400万円
63.63%
人口密度 160人/km²

山口県
0.66% 41.68%
県内総生産
6兆4131億4800万円
57.07%
人口密度 224人/km²

広島県
0.67% 33.69%
県内総生産
11兆7908億2100万円
65.22%
人口密度 333人/km²

香川県
人口密度 523人/km²

徳島県
1.50% 27.83%
県内総生産
3兆8459億1500万円
71.22%
人口密度 268人/km²

愛媛県
2.08% 30.65%
県内総生産
5兆1497億9700万円
66.86%
人口密度 241人/km²

高知県
4.16% 17.23%
県内総生産
2兆4294億5400万円
77.93%
人口密度 100人/km²

3.53%
県内総生産
3兆1568億8400万円
63.82%
2.09%
人口密度 179人/km²

0 100km

● 中国・四国地方県別「県内総生産額（名目）」と「産業構造」 出典：県民経済計算（平成29／2017年度）

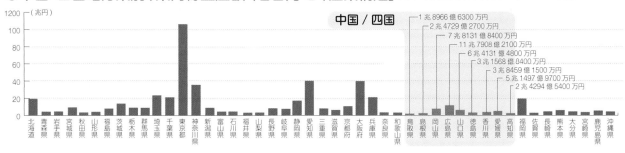

中国／四国
1兆8966億6300万円
2兆4729億2700万円
7兆8131億8400万円
11兆7908億2100万円
6兆4131億4800万円
3兆1568億8400万円
3兆8459億1500万円
5兆1497億9700万円
2兆4294億5400万円

（兆円）
1200
100
80
60
40
20
0

北海道 青森県 岩手県 宮城県 秋田県 山形県 福島県 茨城県 栃木県 群馬県 埼玉県 千葉県 東京都 神奈川県 新潟県 富山県 石川県 福井県 山梨県 長野県 岐阜県 静岡県 愛知県 三重県 滋賀県 京都府 大阪府 兵庫県 奈良県 和歌山県 鳥取県 島根県 岡山県 広島県 山口県 徳島県 香川県 愛媛県 高知県 福岡県 佐賀県 長崎県 熊本県 大分県 宮崎県 鹿児島県 沖縄県

● MANDARA で見る中国・四国地方の「1人当たり県民所得」と「電力需要実績」●

1人当たり県民所得
(2017年度)

255万3000円
248万5000円
325万8000円
283万9000円
301万8000円
309万1000円
274万1000円

(1000円)
4,000
3,500
3,000
2,800
2,400

0　　80km

265万円

出典：県民経済計算（2017年度）

電力需要実績
(2019年度)

196億7977万kWh
35億6518万kWh
51億9027万kWh
159億819万kWh
116億6988万kWh

(1000kWh)
80000000

0

84億5880万kWh
60億2123万kWh
74億2650万kWh
40億4183万kWh

0　　80km

出典：電力調査統計表（2019年度）

●中国・四国地方各県の人口と高齢化率の推移

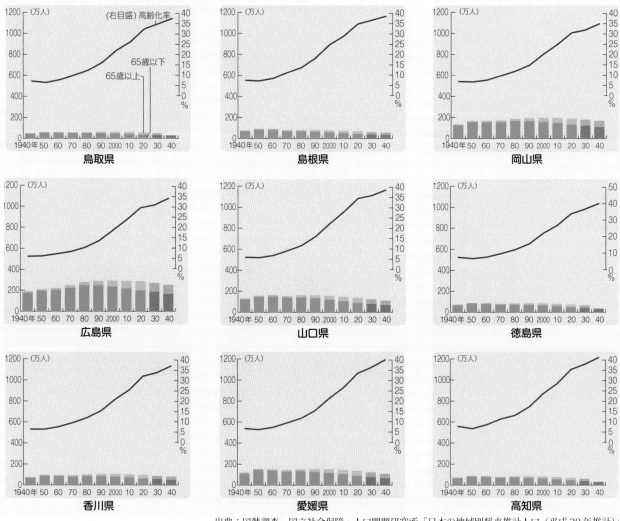

出典：国勢調査、国立社会保障・人口問題研究所「日本の地域別将来推計人口（平成30年推計）」

48

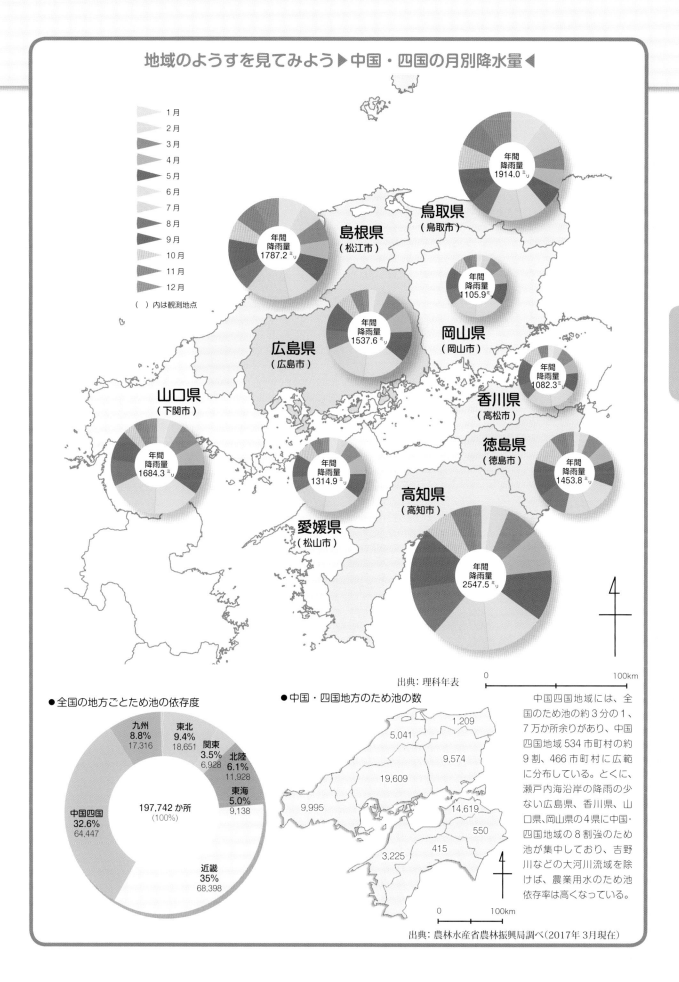

地域のようすを見てみよう▶中国・四国の月別降水量◀

1月
2月
3月
4月
5月
6月
7月
8月
9月
10月
11月
12月

( ) 内は観測地点

鳥取県
（鳥取市）

年間
降雨量
1914.0ミリ

島根県
（松江市）

年間
降雨量
1787.2ミリ

広島県
（広島市）

年間
降雨量
1537.6ミリ

岡山県
（岡山市）

年間
降雨量
1105.9ミリ

香川県
（高松市）

年間
降雨量
1082.3ミリ

山口県
（下関市）

年間
降雨量
1684.3ミリ

愛媛県
（松山市）

年間
降雨量
1314.9ミリ

徳島県
（徳島市）

年間
降雨量
1453.8ミリ

高知県
（高知市）

年間
降雨量
2547.5ミリ

出典：理科年表

0　　　　　100km

●全国の地方ごとため池の依存度

九州
8.8%
17,316

東北
9.4%
18,651

関東
3.5%
6,928

北陸
6.1%
11,928

東海
5.0%
9,138

中国四国
32.6%
64,447

197,742か所
(100%)

近畿
35%
68,398

●中国・四国地方のため池の数

1,209
5,041
9,574
19,609
9,995
14,619
3,225
550
415

0　　　　　100km

中国四国地域には、全
国のため池の約3分の1、
7万か所余りがあり、中国
四国地域534市町村の約
9割、466市町村に広範
に分布している。とくに、
瀬戸内海沿岸の降雨の少
ない広島県、香川県、山
口県、岡山県の4県に中国・
四国地域の8割強のため
池が集中しており、吉野
川などの大河川流域を除
けば、農業用水のため池
依存率は高くなっている。

出典：農林水産省農林振興局調べ（2017年3月現在）

島根県邑南町のまちづくり

▶ 島根県邑南町は県内でも広島県側に近いところにある、人口1.1万人の小さな町です。過疎化の進むこの町が取り組んでいるまちづくりについて考えます。

Q1 この町の特徴や地域の変化を、地形図から時間軸を変えて考えてみましょう。

● 1984年と2015年を比較してみましょう

同じ地域を示した新旧の地形図を比較すると、地域の変化が読み取れます。**図50-1**の地形図は1984（昭和59）年修正測量の2万5000分の1の地形図「矢上」（一部、当時の島根県邑智郡石見町矢上）です。周囲を山で囲まれたこの地域では、東へ流れる矢上川に沿った平地に集落がみられ、石見町役場（地図記号：○）も置かれていました。次に、**図51-1**の2015（平成27）年

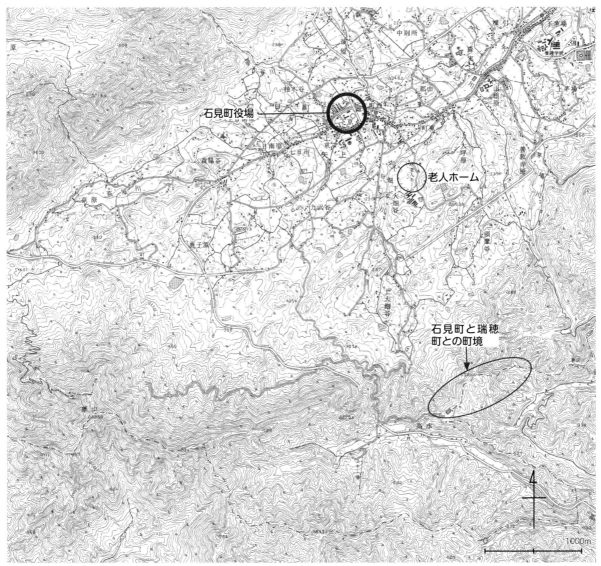

図50-1 1984年測量の2万5000分の1の地図

島根県邑南町

町は周囲を山地に囲まれ、北側の江津市には、やがて日本海に注ぐ江の川が西流し、それに沿ってJR三江線が走っていました。路線の赤字を理由に三江線は2018年3月31日に廃止され、この地域も過疎化の進行がうかがえます。

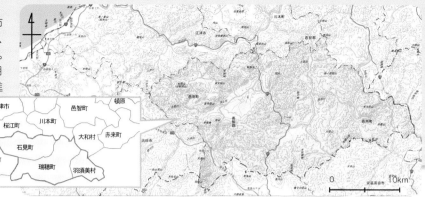

測量の2万5000分の1の地形図「矢上」(一部)と比べると、およそ30年後の変化を知ることができます。

2004 (平成16) 年、石見町が瑞穂町と羽須美村と合併し、邑南町として誕生しました。そのため、左図の下方にあった瑞穂町との町境 (地図記号:<‧>—<‧>) が消えています。また、合併による新町舎が約200m北に移動したことも地図記号 (○) からわかります。最も大きな変化は、原山トンネルと日和トンネルの開通でしょう。この南北方向への通路の整備により、邑南町は、それまでのバスとJR三江線に代わって、日本海側の江津市と自動車で直接結ばれるようになりました。通勤や通学の利便性が向上したとともに、人びとの流出による過疎が生じました。その結果、老齢人口の比率も高まるようになりました。左図に1か所あった老人ホームは、右図では新しい地図記号 (⛫) として2か所確認できます。

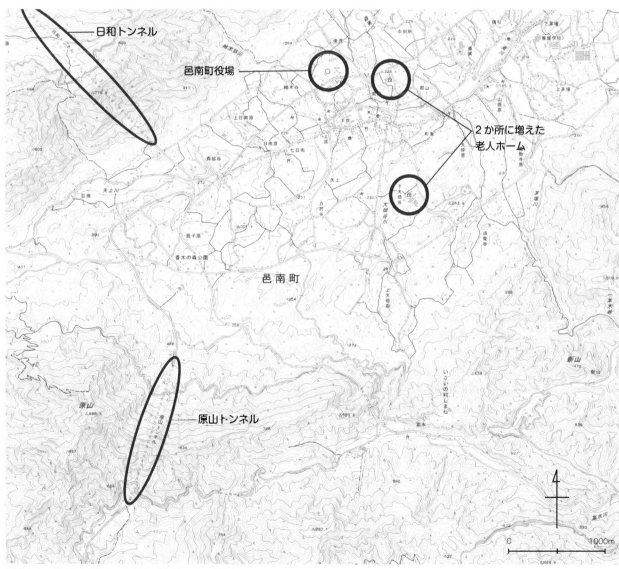

図51-1 2015年測量の2万5000分の1の地図

Q2 経済的なアプローチから、この町の「まちづくりの効率と公正（公平）」を考えてみましょう。

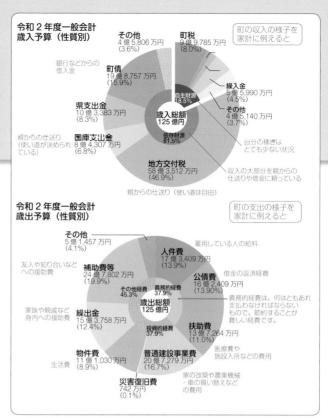

図52-2 邑南町の歳入と歳出（邑南町HPより）

●島根県邑南町のまちづくり政策を町の財政から考えてみましょう

　ここで取り上げる島根県邑南町では、2010年の国勢調査の結果、2005年に比べて人口が7％も減少してしまったことから、過疎化、高齢化への取り組みをはじめました。2011年には総合戦略を定め、若い世代が暮らせるまちづくりを目指して、さまざまな施策を行っています。それは「日本一の子育て村を目指して」という町の宣言にも見てとれます。

　子育て支援の施策の1つに、表52-1に示すような乳幼児や子どもに対する手厚い医療費助成があります。町に暮らす住民の育児コストを下げ、子どもをもつ世代に魅力ある町として、移住・定住を促進するために考えられた施策です。

　では、このように子どもへの手厚い助成ができるのですから、邑南町の財政は豊かな状況なのでしょうか？

　2020（令和2）年度の邑南町の歳出額は約125億円でした。こうした助成金もそこから出されています。しかし、おかしなことに邑南町の地方税収（町民税など）は約10億円しかありません（図52-2）。なぜ、このようなことができるのでしょうか。そこには、地方交付税という制度が活かされています。

●地方交付税による地域の活性化

　地方交付税は、どの地域の住民であっても一定のサービスを受けられるように地方公共団体の財源を保障する再分配のしくみです。邑南町は約60億円の地方交付税（普通交付税）を受け取っています。

　国は国税として徴収した税金から、一定の基準にもとづいて地方公共団体にお金を配分します。国が決めた基準額（人口や面積などから算定）を下回る自治体に再配分するわけです。地方交付税は、実際には人口の多い地方公共団体が税金の出し手となり、過疎化の進む地域が受け手となっているため、お金が地域間で再分配されていることになります。これ以外にも、お金が不足したり、特別な事業をしたい団体は地方債、つまり地方公共団体ごとの債券を発行します。

　以上のことからわかるように、邑南町の子ども助成は他地域からの再分配で成り立っているわけです。これは国民としての生存権を守るためのしくみですから、公平（公正）の概念で考えることができます。

対象者	島根県の助成	邑南町の助成
乳幼児 0歳から 小学校入学前まで	通院・入院を助成 医療費1割（薬局は無料） （自己負担：1か月1医療機関 通院1,000円、入院2,000円 まで）	外来・入院を助成 （保険適用の 自己負担が無料）
子ども （小学校から 中学校卒業まで）	ー	外来・入院を助成 （保険適用の 自己負担が無料）

表52-1 邑南町と島根県の子どもに対する医療費助成

考えてみよう "つまもの"で活性化する限界集落（徳島県上勝町）

アユに添えられた
紅葉のつまもの

　徳島県上勝町は徳島市の南西40kmにある、標高100mから1500mの山地に広がる農林業を中心とする町です。町の面積は、110km²で約90%が山林。町の人口は、1955年の6,265人をピークに、毎年減少し、2018年12月1日時点では1,552人。うち、65歳以上の高齢者人口が約52%を占めていて、過疎化と高齢化が顕著です。

　この町が「つまもの」という、紅葉、柿、南天、笹、椿、梅などの日本料理を美しく装飾する葉っぱを料亭に出荷し注目されています。「葉っぱビジネス」といわれるこの事業は、1986年に農協職員が音頭をとって始まりました。開始当初の生産者はわずか4名、取り扱い商品も30〜40種程度で、売り上げは12万円弱でした。しかし現在は400名の生産者、320種以上の商品が取り扱われています。しかも生産者の平均年齢は70歳。また、販売地域は、関西、関東、九州から北海道まで広がり、現在の年間売上高は、2億6,000万円（2018年）にものぼり、1,000万円を稼ぐおばあちゃんもいます。どうして、このようなヒット商品が生まれたのでしょうか？

　朝早くからの葉っぱの採取は、高齢者の得意とするところだそうです。昼前には農協に商品をもち込み全国に発送されます。明石海峡大橋の開通も背景にありますが、インターネットの普及などIT革命も重要でした。いつ出荷すれば価格が高くなるかなどの情報を会社が把握して流すシステムが構築されています。農協・会社・農家の三者の協力体制があり、少しぜいたくをしてみたいという消費傾向も後押ししました。

　この"つまもの"産業は、私たちに元気をくれます。

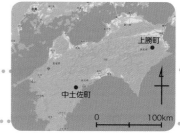

考えてみよう 「鰹乃國」の地域おこし（高知県中土佐町）

　高知県中土佐町久礼は、「鰹乃國」としてカツオ一本釣り漁業を中核とした地域おこしで成功を収めています。この町が有名になったのは、土佐町を舞台にした漫画『土佐の一本釣り』（青柳祐介 作画）とその映画化によります。また、1990年の「ふるさと創生一億円事業」では、町のシンボルとして純金のカツオが作成されました。この事業は賛否両論をまきおこし、その見物に約3.3万人が訪町しました。1994年には、温泉宿泊施設に隣接してカツオのわら焼きタタキ調理の体験ができる「黒潮工房」も開設されました。こうした取り組みは、1999年度過疎地域活性化優良事例として国土庁長官賞を受賞したのです。

　これらの事業によって、久礼大正町市場も活気をとり戻しました。わずか50mほどのアーケード街であるこの市場は、地元で漁獲されたカツオをはじめとする鮮魚や、アジやカマスなどをはじめとする天日干しなどがところ狭しと並べられ、いわゆる「お魚センター」の役割を担っています。近年では、観光バスで訪れる観光客に対して、車内で簡単に食べられるファストフードの開発が取り組まれています。

中土佐町久礼の大正町市場

② 島国・四国と本州

▶ 日本列島は橋やトンネルで結ばれています。交通が整備される以前は、島と島とを結ぶのは船でしたが、今では道路の役割が大きくなっています。ここでは、瀬戸内海を中心に交通の役割を考えます。

関門海峡大橋

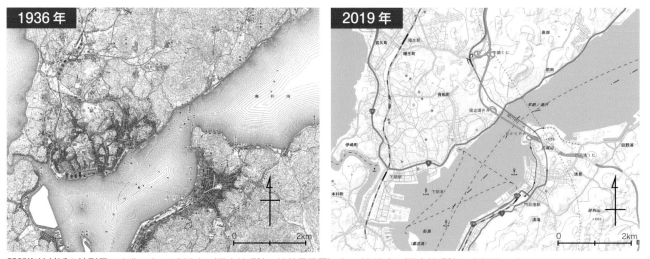

関門海峡付近の地形図　出典　左：1936年（国土地理院の地勢図図歴）右：2019年（国土地理院のGSIMaps）

Q1 本州と九州の結節点について、地図や写真から、橋やトンネル、空港などとの関係を考えてみましょう。

●本州と九州
関門海峡で結ばれた地域

日本列島を構成するそれぞれの島（北海道、本州、四国、九州）は現在、橋やトンネルで結ばれています。道路にも一般道路と自動車道路（高速道路）があり、後者を使えば所要時間は減少します。また、移動のために飛行機を使えば、自動車や鉄道での移動に比べ大幅に時間が短縮されます。道路が整備され、飛行機が一般化する以前、島と島を結んでいたのは船でした。人びとは連絡船という定期旅客船に乗って島と島の間を往来したのです。

九州と本州を結ぶのは関門海峡トンネルです。本州側の下関駅と九州側の小倉駅の直線距離はわずか10kmにすぎず、工事も比較的容易であったことから、1942年には鉄道用の海底トンネルが完成しました。1958年に関門国道トンネルが、1973年には高速道路の関門橋が、1975年には新幹線用の新関門トンネルが完成しました。

衛星からの写真には、地形図だけでは分からない情報が読み取れることもあります。

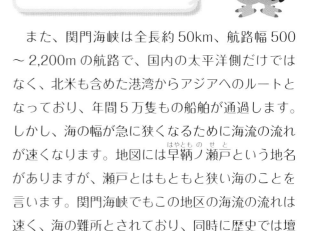

また、関門海峡は全長約50km、航路幅500〜2,200mの航路で、国内の太平洋側だけではなく、北米も含めた港湾からアジアへのルートとなっており、年間5万隻もの船舶が通過します。しかし、海の幅が急に狭くなるために海流の流れが速くなります。地図には早鞆ノ瀬戸（はやとものせと）という地名がありますが、瀬戸とはもともと狭い海のことを言います。関門海峡でもこの地区の海流の流れは速く、海の難所とされており、同時に歴史では壇ノ浦の戦いで有名な場所でもあります。

また、九州側からは河川の河口となっており、土砂が堆積してしまいます。船を安全に航行させるためにはつねに一定の水深を保つ必要があります。船が航行できるように海底を掘り下げることを浚渫（しゅんせつ）と言います。この工事はすでに100年以上にわたって続けられていますが、今後も必要な工事なのです。当然、この土砂を捨てる場所が必要です。衛星写真右下には北九州空港が見えます。空港北側は浚渫土砂の置き場となっており、空港はいわば土砂の副産物として埋め立てられてできたともいえます。

関門航路通過のイメージ（出典：国土交通省九州地方整備局ホームページ）
より大型の船が関門海峡を通過できるようにして輸送にかかる時間やコストを大幅に削減するため、関門海峡の水深を14mにする整備計画が続けられています。

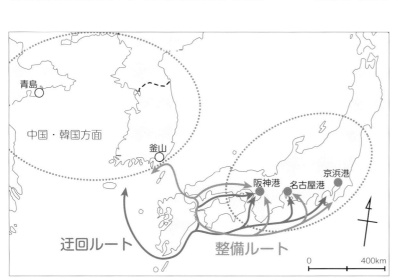

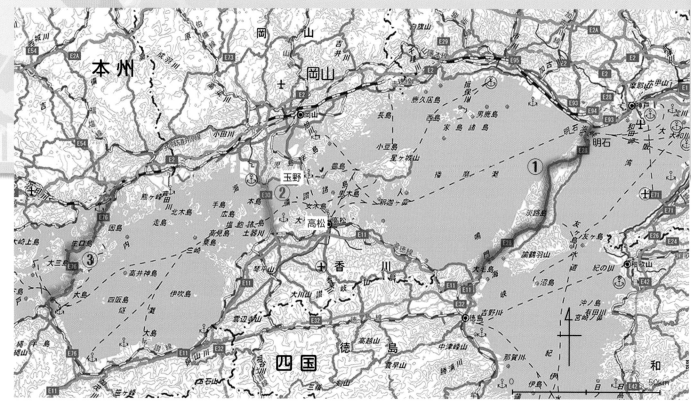

図56-1　本州四国連絡道路（地理院地図）

Q2 本州と四国の結節点の、「社会資本」としての意味を考えてみましょう。

●本州と四国を結ぶ橋

　現在、本州と四国は３つのルートで結ばれています。神戸淡路鳴門自動車道（神戸・鳴門ルート①）、瀬戸中央自動車道（児島・坂出ルート②：通称は瀬戸大橋）、西瀬戸自動車道（尾道・今治ルート③：通称はしまなみ海道）の３路線であり、あわせて本州四国連絡道路とよばれます。このうち、最も早く完成したのが10の橋で結ばれた瀬戸大橋であり、1988年４月に開通しました。こうした連絡道路の建設が進められた背景の１つに、海難事故があります。

　1955年５月、岡山県の宇野駅と香川県の高松駅を結ぶ宇高連絡船で、上りの紫雲丸が下りの第三宇高丸と衝突して、168名の死者・行方不明者を出しました。この大惨事は、宇高連絡船では1947年以降、５度目の事故でした。

　図56-1には破線で多くの航路が書かれていま

すが、岡山県玉野市宇野駅から香川県高松市にもルートが書かれています。このルートの船舶は宇野駅まで走ってきた鉄道の客車を船舶に積み込んで航行し、それを高松港でおろしていました。つまり、高松は港でもあり、四国における鉄道の起点でもありました。しかし、５度目の事故以降、客車を積み込みむことはなくなりました。

　第二次世界大戦後に立て続けに起こった海難事故の背景には、瀬戸内海の水深が浅く浅瀬が多いことや、霧が出やすいといった自然条件が根底にあります。

　四国に住む人びとは、本州に行くには必ず海を渡らなければならず、天候に左右される航路ではなく、本州とを結ぶ橋が必要であることは長く主張されてきました。続けて起きた海難事故はそのような声をいっそう大きなものとし、架橋技術の

図57-1　瀬戸大橋（児島・坂出ルート、鷲羽山より）

向上もあり、建設の気運が高まり動き出しました。

　本州四国連絡橋の建設が正式に決定されたのは、1969年策定の新全国総合開発計画（新全総）でした。新全総は日本では第2回目の国土計画であり、産業や人口が全国に分散し、均衡のとれた国土をつくろうとした計画でした。このような国土計画のもとで鉄道、道路、空港といったインフラ整備計画が策定されたのです。

　策定から4年後の1973年には石油危機が発生し、その後、「狂乱物価」といわれるインフレが日本を襲いました。巨大な公共事業は、総需要を押し上げるので、物価上昇（インフレ）圧力になる、と考えます。インフレのさらなる高進を防ぐため、本州四国連絡橋の工事は中断を余儀なくされたのです。しかし、1977年になると児島・坂出ルートの早期開業が決定され、11年の歳月をかけて道路と鉄道の併用橋である瀬戸大橋が完成したのです（図57-1）。その後、他の2つのルートに架かる橋梁も完成しました。

　橋が通過する与島にはレジャー施設もつくられ

最初につくられた国土計画は、1962年の全国総合開発計画（全総）でした。工業地域を核とする新産業都市や工業特別整備地域を全国に配置し、それらを高速交通網で結び、既存の工業地帯に集中している産業や人口を分散しようとする壮大な計画でした。

ました。当初は500万人以上の入場者で賑わいましたが、2011年に閉鎖され観光による地域おこしは失敗しました。なぜなら、橋の建設費を通行料で回収するという計画であったため、通行料は高額になり、人びとは運賃の安いフェリー（人と自動車を載せる船）を利用したのです。しかし、通行料が何度か引き下げられたため、2019年には最後に残ったフェリーも休止され、宇高航路の歴史は終わりました。

　現在、観光の目玉は、3年に1度開催される瀬戸内国際芸術祭であり、多くのインバウンド旅客が訪れるようになっています。

③ 鳥取砂丘と鳥取県

▶ 地形的な特色を持つ鳥取県は，自然との共生をめざした取り組みが見られます。どのような施策や工夫が見られるのでしょうか。

●鳥取砂丘のなりたち

鳥取県の最大の特色は，自然地形からも経済面からも，東西7kmにおよぶ海岸を持つ鳥取砂丘にあるでしょう。この広大な海岸砂丘を地形的な面から見てみましょう。

海岸砂丘は，北海道から中国地方にかけて日本海側に多く見られます。「砂丘」は風で運ばれた砂がつくる高まり（丘）のことで，砂の表面は乾いていますが，砂漠と違って少し掘ってみると，湿った砂が出てくるのです。

鳥取砂丘の場合は、中国山地から流れ出て日本海に注ぐ千代川が土砂を運び、それが河口で堆積して砂州となりました。その後、沿岸流や北風で海底に堆積した砂や砂州が、陸地側に向かって運ばれます（沿岸漂砂）。それが北西からの季節風によって海岸に打ち寄せられ、乾いた砂が高まって砂丘を形成したのです。砂丘形成のスピードは時代によって異なります。有史以前の地質時代には、海進と海退が繰り返す海水準変動があり、海退期には海岸部分が広くなるため、多くの砂が運ばれて砂地が拡大するのです。その結果、鳥取砂丘は小さな砂丘列が3つ形成されています。

●鳥取砂丘と人の営み

次に、人間の手によって砂丘のかたちを変えた、いわば砂丘と経済活動との関係を見てみましょう。

中国山地には鉄分を含む花崗岩が多く点在し、鉄の原料である砂鉄があらゆるところから採れました。そのため、古代から製鉄が行われていましたが、幕末からは製鉄業が盛んになりました。燃料となる木炭用の材木も豊富で、森林は伐採されました。木炭は砂鉄からの不純物の除去や鉄の成形に使われます。千代川の上流では森林の伐採によって保水力が低下し、より多くの砂が千代川に放出されました。また、砂鉄を採った後の土砂を風が沿岸に運び（沿岸漂砂）、鳥取砂丘は拡大したのです。

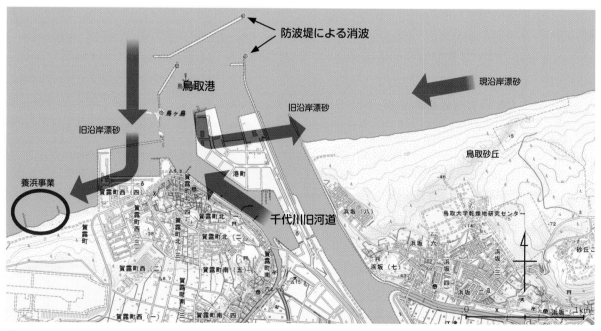

図 58-1　鳥取砂丘と鳥取県が進める養浜事業

1	とっとり移住応援メンバーズカードをつくり、希望者には情報提供、企業の場合はポータルサイトに掲載
2	県内のお試し住宅の利用
3	移住体験ツアーの実施
4	常設の移住相談窓口（ふるさと鳥取県定住者支援機構）をつくり、コーディネーターを常置
5	移住検討者や移住者の航空運賃の補助

表 59-1　県外在住者への移住支援促進の政策

高さのある砂丘

しかし、21世紀になって鳥取砂丘の海岸浸食が深刻で、海岸線が後退していることが判明しました。県は「鳥取沿岸海岸保全基本計画」をまとめ、原因の究明と対策を講じました。原因の1つは1970年代から整備された鳥取港の防波堤によって波が消え、砂丘に砂を運んでいた沿岸漂砂が減少したことです。もう1つは、千代川の河道が変えられ、上流での護岸工事も進んだことで、運ばれる土砂の量が激減したことでした。

鳥取県の特色である鳥取砂丘が面積を減らしていることへの対策として、県は2005年から養浜事業に取り組み始めました。これは、河口や鳥取港に堆積した砂を掘削し、侵食が進む海岸に養浜（波による地形変化の限界水深以浅に投入）するなどのサンドリサイクルを実施しするものです。砂浜海岸の復元と港内に堆積する砂の抑制が図られています。この事業により、現在、鳥取砂丘の海岸線は回復傾向に向かっています。

●県の産業支援と移住の促進

鳥取県の悩みは人口減少にあります。県の人口はすでに減少しており、2010年には60万人を割り、2019年10月1日時点の人口は55.6万人になっています。そこで県や市では他地域からの移住を促進する政策をとっています。表59-1は移住促進のための政策メニューです。県ではまず、「とっとり移住応援メンバーズカード」をつくり、希望者に住宅や仕事の情報を提供しています。また、無料で住宅を提供し、体験ツアーを実施しています。また、受け入れ側の対策として常設の相談窓口を設けています。このような努力は徐々に実を結び、2015年から2019年にかけて

累計10,427人が移住してきました。

県は産業を高付加価値化し生産力を高めるための支援策も講じています。もともと、6次産業化支援は国（農林水産業）の施策ですが、県独自の補助政策もあります。ここでは、鳥取県八頭郡八頭町にある（有）ひよこカンパニーを紹介します。

この企業が創業されたのは1994年。当時は土地を借り、平飼いによる卵の生産、販売事業を手掛けていましたが、徹底的な衛生管理によって品質を向上し、コストはかかってもそれをブランド卵とし、付加価値の高い鶏卵をつくったのです。

2000年には会社組織となり、スイーツの製造、販売にも進出しました。通信販売で販路を拡大しつつ、地元から土地が提供されると、「大江の郷自然牧場」を開設しました。牧場では農業体験などの「コト消費」ができることもあり、現在では年間30万人の観光客が訪れています。こうした新規事業者への初期支援や、収益源と見込まれる施設への補助などに手厚いのが県の施策です。来訪者による消費だけではなく、現在、この企業には約180名の雇用があり、重要な雇用基盤ともなっています。

参考文献：
高橋賢（2014）「鳥取県における6次産業化の取組」『横浜経営研究』第35巻第3号
豊島吉則（1975）「山陰の海岸砂丘」『第四紀研究』第14巻第4号
成瀬敏郎（1989）「日本の海岸砂丘」『地理学評論』第62巻（Ser. A）第2号
安本・宇多・松原・佐藤（2006）「鳥取沿岸の総合的な土砂管理ガイドラインの策定と実施」『海洋開発論文集』第22巻

中国・四国地方

近畿 地方

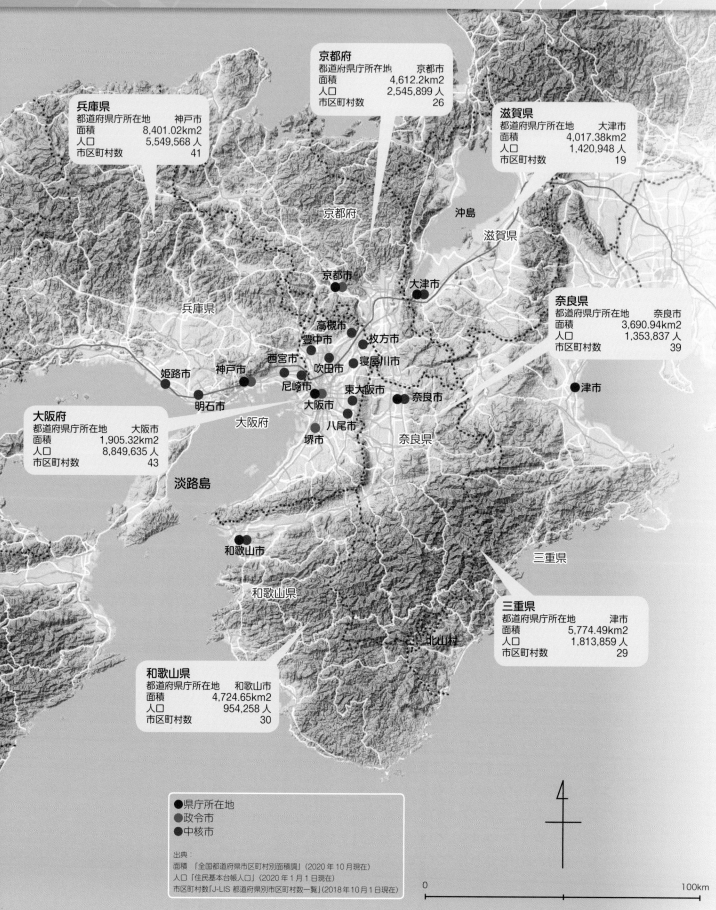

京都府
都道府県庁所在地	京都市
面積	4,612.2km2
人口	2,545,899 人
市区町村数	26

兵庫県
都道府県庁所在地	神戸市
面積	8,401.02km2
人口	5,549,568 人
市区町村数	41

滋賀県
都道府県庁所在地	大津市
面積	4,017.38km2
人口	1,420,948 人
市区町村数	19

奈良県
都道府県庁所在地	奈良市
面積	3,690.94km2
人口	1,353,837 人
市区町村数	39

大阪府
都道府県庁所在地	大阪市
面積	1,905.32km2
人口	8,849,635 人
市区町村数	43

三重県
都道府県庁所在地	津市
面積	5,774.49km2
人口	1,813,859 人
市区町村数	29

和歌山県
都道府県庁所在地	和歌山市
面積	4,724.65km2
人口	954,258 人
市区町村数	30

京都府
沖島
滋賀県
京都市
大津市
兵庫県
高槻市
豊中市
枚方市
西宮市
寝屋川市
姫路市　神戸市
吹田市
尼崎市
東大阪市
明石市
大阪市
奈良市
大阪府
八尾市
堺市
奈良県
淡路島
三重県
津市
和歌山市
北山村
和歌山県

●県庁所在地
●政令市
●中核市

出典：
面積 「全国都道府県市区町村別面積調」(2020 年 10 月現在)
人口 「住民基本台帳人口」(2020 年 1 月 1 日現在)
市区町村数「J-LIS 都道府県別市区町村数一覧」(2018 年 10 月 1 日現在)

0　　　　　　　　　　100km

本章では、水運とともに新しいビジネスを取り上げます。
大阪の歴史からは水運のメリットを、沖島の渡船からは公平の意味
を理解してください。北山村の特産品からは生産の意味やネット通
販の利点を学びましょう。

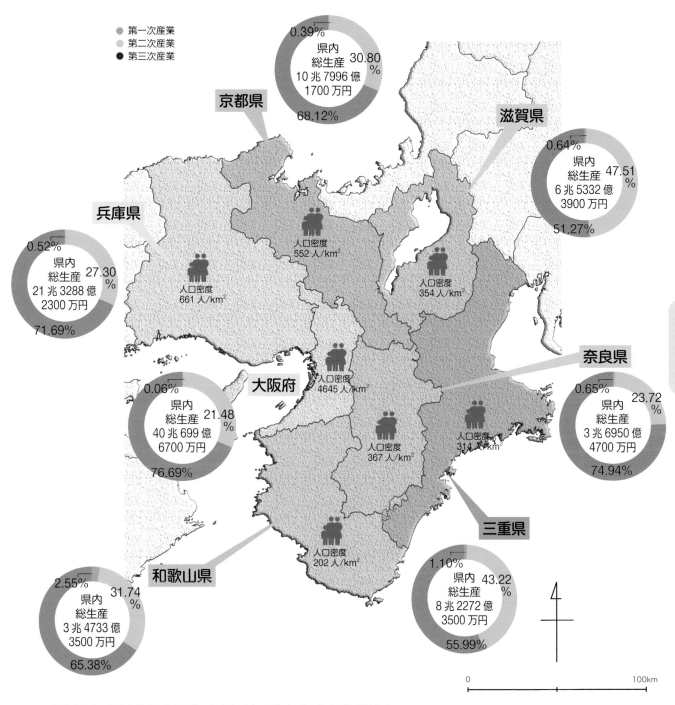

- 第一次産業
- 第二次産業
- 第三次産業

京都県
0.39%
県内総生産
10兆7996億1700万円
30.80%
68.12%

人口密度
552人/km²

滋賀県
0.64%
県内総生産
6兆5332億3900万円
47.51%
51.27%

人口密度
354人/km²

兵庫県
0.52%
県内総生産
21兆3288億2300万円
27.30%
71.69%

人口密度
661人/km²

大阪府
0.06%
県内総生産
40兆699億6700万円
21.48%
76.69%

人口密度
4645人/km²

奈良県
0.65%
県内総生産
3兆6950億4700万円
23.72%
74.94%

人口密度
367人/km²

人口密度
314人/km²

人口密度
202人/km²

和歌山県
2.55%
県内総生産
3兆4733億3500万円
31.74%
65.38%

三重県
1.10%
県内総生産
8兆2272億3500万円
43.22%
55.99%

0   100km

近畿地方

● 近畿地方県別「県内総生産額（名目）」と「産業構造」 出典：県民経済計算（平成29／2017年度）

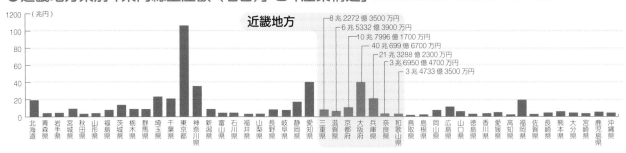

8兆2272億3500万円
6兆5332億3900万円
10兆7996億1700万円
40兆699億6700万円
21兆3288億2300万円
3兆6950億4700万円
3兆4733億3500万円

1200（兆円）
100
80
60
40
20

北海道 青森県 岩手県 宮城県 秋田県 山形県 福島県 茨城県 栃木県 群馬県 埼玉県 千葉県 東京都 神奈川県 新潟県 富山県 石川県 福井県 山梨県 長野県 岐阜県 静岡県 愛知県 三重県 滋賀県 京都府 大阪府 兵庫県 奈良県 和歌山県 鳥取県 島根県 岡山県 広島県 山口県 徳島県 香川県 愛媛県 高知県 福岡県 佐賀県 長崎県 熊本県 大分県 宮崎県 鹿児島県 沖縄県

● MANDARA で見る近畿地方の「1人当たり県民所得」と「電力需要実績」 ●

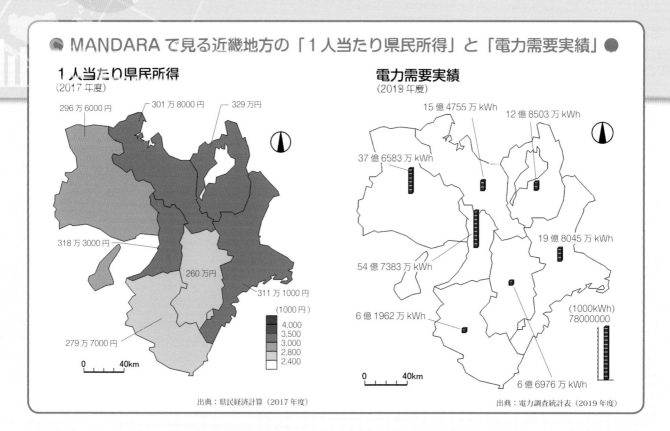

1人当たり県民所得
（2017 年度）

296 万 6000 円
301 万 8000 円
329 万円
318 万 3000 円
260 万円
311 万 1000 円
279 万 7000 円

（1000 円）
4,000
3,500
3,000
2,800
2,400

0 40km

出典：県民経済計算（2017 年度）

電力需要実績
（2019 年度）

15 億 4755 万 kWh
12 億 8503 万 kWh
37 億 6583 万 kWh
54 億 7383 万 kWh
19 億 8045 万 kWh
6 億 1962 万 kWh
6 億 6976 万 kWh

（1000kWh）
78000000

0 40km

出典：電力調査統計表（2019 年度）

●近畿地方各県の人口と高齢化率の推移

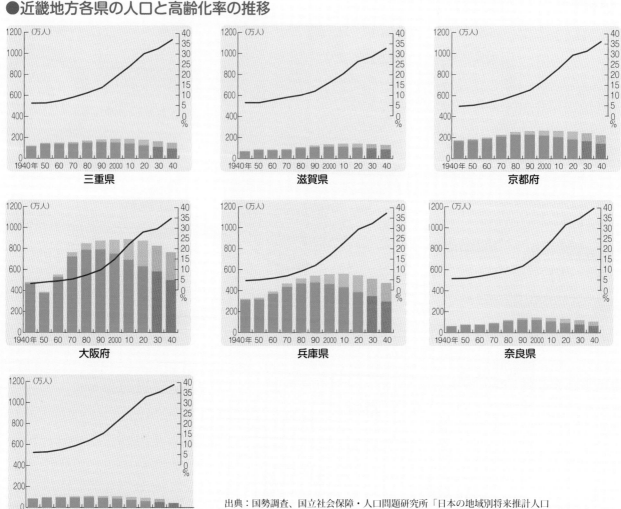

三重県

滋賀県

京都府

大阪府

兵庫県

奈良県

和歌山県

出典：国勢調査、国立社会保障・人口問題研究所「日本の地域別将来推計人口
（平成 30 年推計）」

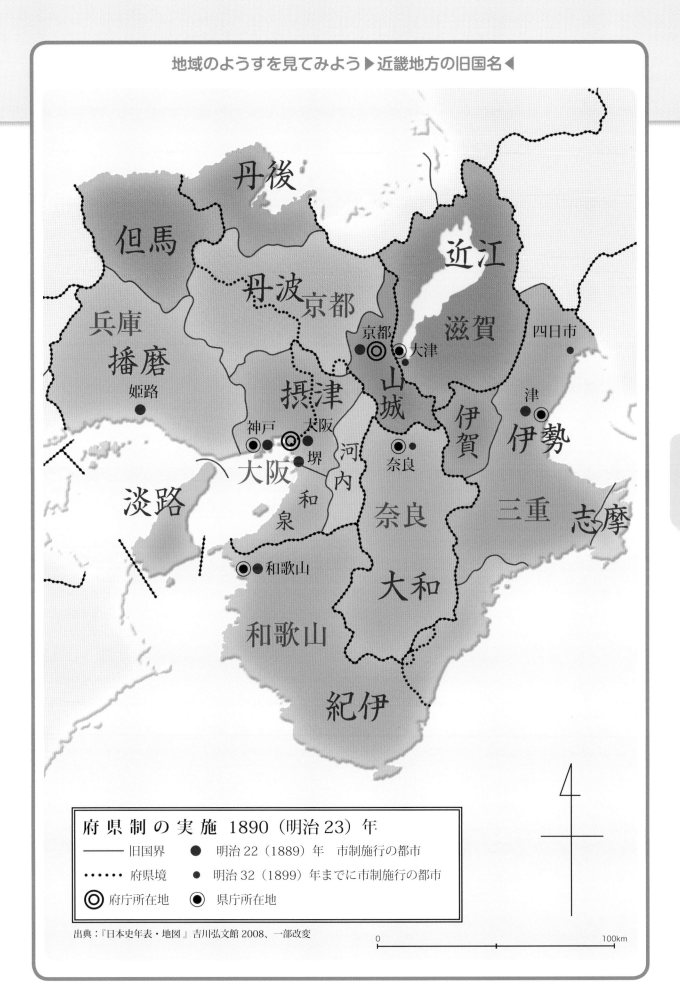

府県制の実施　1890（明治23）年

── 旧国界	●	明治22（1889）年　市制施行の都市
‥‥‥ 府県境	●	明治32（1899）年までに市制施行の都市
◎ 府庁所在地	●	県庁所在地

出典：『日本史年表・地図』吉川弘文館 2008、一部改変

0　　　　　　　　　100km

近畿地方

琵琶湖の沖島から見えるもの

▶ 沖島は琵琶湖にある周囲7kmの小さな離島で、滋賀県近江八幡市に属しています。淡水湖に人が住む唯一の島で、860年前から人が住んでいたとされます。

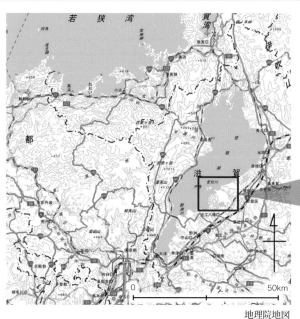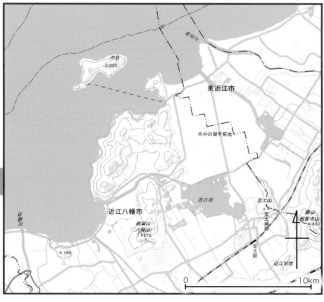

地理院地図

図 64-1
沖島の空中写真 （出典：近江八幡観光物産協会ホームページ）

滋賀県沖島の歴史的背景

　現在、沖島の主要産業は漁業ですが、島民の多くは小規模ながら農業にも従事してきました。島内には平地が少ないことから、島民は対岸の近江八幡側に耕地を所有していました。これらのほとんどは、島内の主産業である石材業による収入で購入されました。1734（享保19）年に記された『近江輿地志略』には、「漁人多く此の地に住み、其島の石を取って之を賣る」という記述があり、すでに江戸時代中期には石材業が主要な生業になっていたようです。

　明治・大正期には、琵琶湖疏水や鉄道工事など、滋賀県で大規模な土木工事が行われました。採石場は島の沿岸に開かれ、丸子船と呼ばれた運搬船で石材は大津や彦根など琵琶湖沿岸の各港へ出荷されました。冬季に湖上を吹く北西季節風を避けるため、集落が南東部（**図 64-1**の島全景の下側）にのみ形成され、ここに通船が発着します。多くの出稼ぎ者も受け入れた沖島の石材業は、高度経済成長期の終焉とともに、幕を下ろしたのです。

沖島漁業会館前

Q1 離島と本土を結ぶ「おきしま通船」を例に効率と公正（公平）の観点から考えてみましょう。

●琵琶湖にある沖島とはどんな島なのでしょうか？

沖島の空中写真を見てみましょう（図 64-1）。左ページの説明の通り、島の南東側に港（沖島漁港）が見え、島の沿岸の平地に人口が集中しているのがわかります。

この港の沖島漁業会館前から地元自治会が運営する「おきしま通船」が、対岸の近江八幡市に渡船を運航していて、片道 500円で誰でも乗ることができます。

その名の通りこの港は漁港です。島民のおよそ 7割は漁業に従事しており、漁獲量は琵琶湖全体（1,130t、2016年）のおよそ 5割を占めます。その意味で、島の漁業生産は近江八幡市の生産額の一部になっています。地域に所得をもたらし、地方自治体の税収にもつながっています。

沖島は 2013年度に離島振興法の実施地域に指定されました。市は国からの離島活性化交付金も使いながら、さまざまな事業を実施しており、市だけで年間3〜 4億円を使っています。 最近では漁港の桟橋がつくられました。

おきしま通船
島と島外を結ぶ住民の足であり、買い物、通院に利用されています。

●おきしま通船を例に効率と公正（公平）を考えてみましょう

旅客を運ぶ鉄道は、「公共交通」といわれますが、車両を増やし、線路を複々線にして、より多くの人を運ぼうと考えています。電車に乗る人（需要者）も乗りやすくなるし、会社（供給者）ももうかるでしょう。彼らは運賃収入でかかった費用をまかない、利潤も出します。つまり、効率的に運営していることになります。

対照的に「おきしま通船」は乗船する人が少なく、いつも満員ではありません。収入が少ないのに、一定の費用がかかり、通船は運行することで赤字となっています。とても効率の悪い経営といえるでしょう。それでも、船が維持されているのはなぜなのでしょうか。

そこには、効率以外の理由があります。

おきしま通船は、島と島外を結ぶ住民の足であり、買い物、通院に利用されています。また、島の小学校に島外から通う生徒も利用します。そこで地元自治会が運営しており、その運営には補助金が使われています。

島の人にとって唯一の交通手段を提供し、そのサービスを維持するのは、過疎地で運行されている公営バスと同じで、公正を考慮した公共（政府）の役割です。

このように鉄道や船などの交通には、効率を理由とするものと、公正を理由とするものとがあります。身の回りの交通はどちらの理由で運行されているのでしょうか。改めて考えてみましょう。

Q₂ 沖島のライフライン 水道とその料金について 考えてみましょう

●水道料金について 改めて考えてみましょう

　滋賀県の沖島はこれまで見てきた通り、産業や税収などの点で地域を支えていますが、住民が島で暮らすためには最低限のインフラが必要です。その代表が水道です。

　私たちの生活の中では、水道はとても身近なもので、家の中でも外でも、蛇口をひねれば飲み水が得られる環境にあります。水道のもととなっている水源には、ダムや河川水、井戸水などがあり、地方自治体の水道局や水道部、といった部署が運営しています。しかし、運営している自治体ごとに水道料金は変わってきます。水源の水質やその設備の建設と維持管理などに、費用がかかるからです。

　では、改めて、琵琶湖にある沖島の水道料金はどうでしょうか？　まわりを湖に囲まれていて、水源からは近そうですが、所属する近江八幡市の水道料金（20m³、月額／2019年10月現在）は3,168円と決して安くありません。同じ、琵琶湖に面している大津市などの2,772円よりも高くなっています。それには、沖島にある浄水場の維持に費用がかかっているなどの理由があります。

　水道や交通などのインフラは広い地域でネットワーク（網）が構築されます、条件によって、地区や区域ごとの水道維持費用が安かったり高かったりします。

　つまり、地域や地区を個別にみれば黒字だったり、赤字だったりするわけですが、それぞれ黒字の部分で赤字の部分を補いつつ、水道料金を決めています。このような仕組みを内部補助というのです。

図 66-1

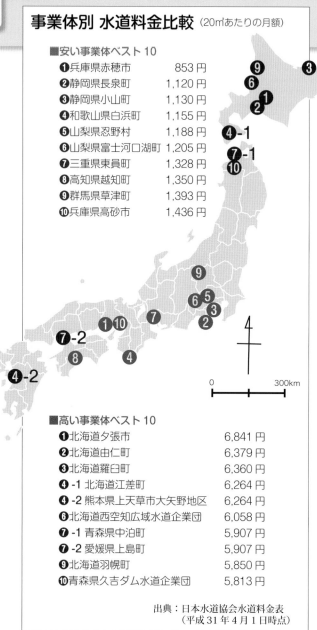

事業体別 水道料金比較 (20㎡あたりの月額)

■安い事業体ベスト10
❶兵庫県赤穂市	853 円
❷静岡県長泉町	1,120 円
❸静岡県小山町	1,130 円
❹和歌山県白浜町	1,155 円
❺山梨県忍野村	1,188 円
❻山梨県富士河口湖町	1,205 円
❼三重県東員町	1,328 円
❽高知県越知町	1,350 円
❾群馬県草津町	1,393 円
❿兵庫県高砂市	1,436 円

■高い事業体ベスト10
❶北海道夕張市	6,841 円
❷北海道由仁町	6,379 円
❸北海道羅臼町	6,360 円
❹-1 北海道江差町	6,264 円
❹-2 熊本県上天草市大矢野地区	6,264 円
❻北海道西空知広域水道企業団	6,058 円
❼-1 青森県中泊町	5,907 円
❼-2 愛媛県上島町	5,907 円
❾北海道羽幌町	5,850 円
❿青森県久吉ダム水道企業団	5,813 円

出典：日本水道協会水道料金表
（平成31年4月1日時点）

　誰もが、いつでも使える水道は、公共性の高い設備です。たくさんの人が暮らす大きな自治体であれば、大規模な設備をつくって維持管理しても、1人当たりが負担する費用は少なくてすみます。反対に、そんなに大きな自治体ではないのに、さまざまな要因から、大規模な設備をつくって維持管理しなければならないとしたら、人口が少ない分、負担額は大きくなることがわかるでしょう（図66-1）。

重要文化的景観のまち

西の湖全景

　沖島への通船が出港する近江八幡市の北東部には、西の湖があります。1585（天正13）年に豊臣秀次が八幡山城を築城し、その山麓に城下町を建設しました。そして秀次は、西の湖を経て琵琶湖に繋がる八幡堀を開削しました。この水運を活かして繁栄した近江八幡には、江戸時代の繁栄をしのばせる街並みが残っています。八幡堀周辺の商家群は、1991（平成3）年に国の重要伝統的建造物群保存地区（以下、重伝建）に選定されました。

　1975（昭和50）年の文化財保護法の改正によって伝統的建造物群保存地区の制度が発足し、城下町、宿場町や門前町など全国各地に残る歴史的な集落・町並みの保存が図られるようになりました。その中でも、日本にとって価値が高いと判断されたものは、重要伝統的建造物群保存地区に選定されました。2020（令和2）年現在、101市町村・123地区が選定されています。この制度は文化財としての建造物を「点（単体）」ではなく、「面（群）」で保存しようとするものです。滋賀県では、この近江八幡市のほかに大津市坂本（宿坊群・門前町、1977年）、東近江市五個荘金堂（農村集落、1998年）と彦根市河原町芹町（商家町、2016年）が選ばれています。

　滋賀県では、明治期以降に多くの内湖は干拓され、現在残っている大きなものは西の湖だけになってしまいました。この周辺には、群生する葦を簾や葦簀に加工する業者があり、内湖の湿地生態系と共生する景観が形成されています。このような地域住民の生活と結びついた文化的景観を保全するため、2006（平成18）年に、「近江八幡の水郷」は全国で初めて重要文化的景観に選定されたのです。

　この制度は、2005（平成17）年より開始された新しい文化財の保護法です。文化的景観とは、地域における人びとの生活または生業、お

八幡堀と屋形船

よび該当地域の風土により形成された景観で、それは私たちの生活または生業の理解の欠くことのできないものです。とくに重要なものとして保護の措置が講じられている景観として、現在70件（2021年3月）が重要文化的景観に選定されています。滋賀県ではこの近江八幡だけでなく、米原市東草野の山村景観（2014年）、高島市海津・西浜・知内の水辺景観（2008・10・15年）、長浜市菅浦の湖岸集落景観（2014年）と東近江市伊庭内湖の農村景観（2018年）が選定されています。

2 飛び地にある北山村

▶ 和歌山県北山村は、日本で唯一、県内の他市町村と接していない「飛び地」の村です。奈良県と三重県に囲まれ、東西20km・南北8kmの小さな村は、面積の97%が山林で占められています。

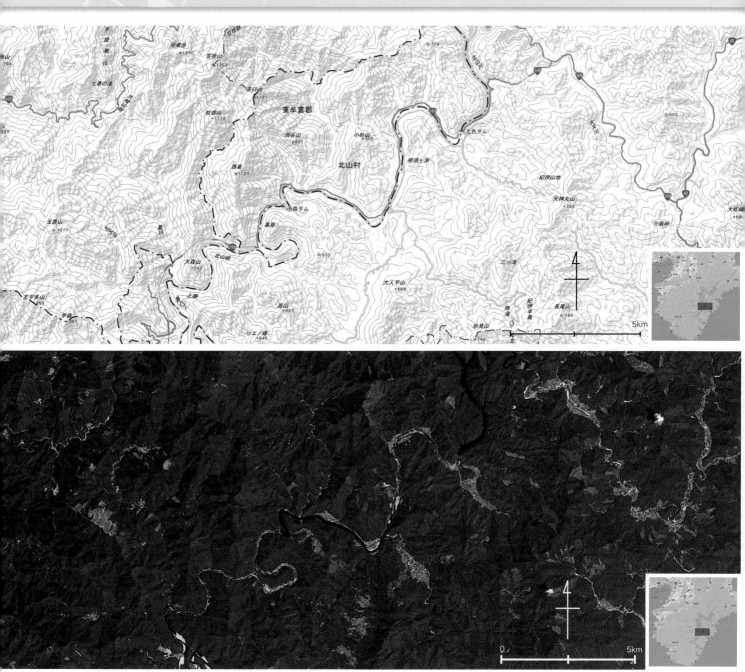

地理院地図、一部加工

地理院地図で土地利用を確認してみましょう。
　地形図に見られる熊野川は、北東から南西へ大きく蛇行して流れています。一般に、河口付近の平坦地における河川は、より低い地点へ蛇行します。しかし、険しい山奥を流れるこの河川は、なぜ蛇行するのでしょうか。その要因は、流域が隆起することにより、河川による下方への浸食が復活したためです。この地形は「穿入蛇行(せんにゅうだこう)」と呼ばれ、静岡県の大井川や高知県の四万十川(しまんとがわ)などでも見られます。このような流域では、わずかな平坦地に集落が形成され、

Q1 和歌山県北山村の名産品である「じゃばら」を使った農業と国内総生産(GDP)との関係を考えてみましょう。

「じゃばら」は北山村だけに自生していた柑橘類の果物。1本の木からはじまり、今や村の産業を支える特産品だ!

出典：北山村観光サイト

●和歌山県に属する北山村には、どんな地理的な特徴があるのでしょうか？

山林が多く、住むことができる場所(可住地)の少ないこの一帯では、河川が県境や市町村境となっています。

村の 97%は山林というこの村では、高度経済成長期以前には林業が生活を支えていました。人びとは河川を使って下流の和歌山県新宮市に木材を運んだのです。

歴史的に見ても、道路や鉄道が十分整備されていなかった江戸時代から、河川は貴重な輸送路でした。北山村は村の重要な産業である林業で和歌山県との結びつきが強く、他県(奈良県や三重県)に囲まれた地域ですが、あえて「飛び地」として和歌山県に属することを選んだのです。

北山村のじゃばらは通販サイトに出店してから、化粉症に効くということもあって販売量が急増したのです。

斜面には棚田が見られます。川面から山頂までの標高差はおよそ500mもあり、急な山が河川に迫っています。そのため、広い川幅に位置する対岸の集落との交流は少なく、河川を境界とした行政単位が形成されたのです。

●北山村の産業を、マクロ経済の観点から考えてみましょう

まず、この村と国内総生産(GDP)との関係を考えてみましょう。

マクロ経済学では、1つの国の経済を「家計」「企業」「政府」という3つの部門(「海外」を加えて4部門)に簡略化して考えます。

これは日本でもアメリカでも中国でも同じです。そして、赤ちゃんも児童・生徒も、もちろん高齢者もすべて家計部門の一員であり、中小企業であろうと大企業であろうとすべて企業部門の一員となります。

さらに、15歳以上の家計のメンバーは、労働力という生産要素を企業に売り、その対価として要素所得を得ると考えます。

さて、現在この北山村の名産品となっている「じゃばら」といわれる果実を使った農業は、村に在住する高齢者が生産しています。農業には定年がないといわれますが、年金を受け取って生活している高齢者とは違い、この村の高齢者たちは、農業に携わって生産活動を行うことで、国内総生産(GDP)にも寄与していることになります。

次に、中学の社会科公民的分野で学習する、経済や生産の仕組みについて考えていきましょう。

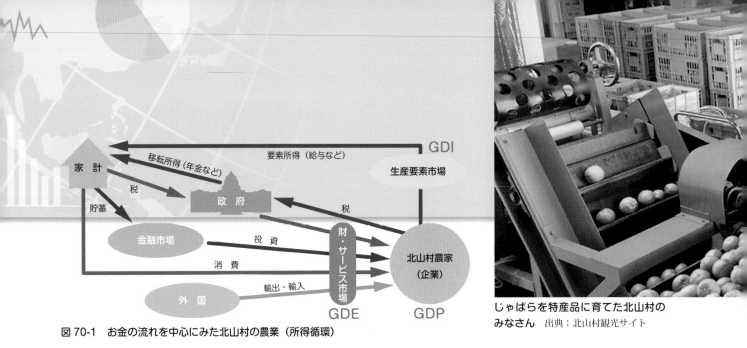

図 70-1　お金の流れを中心にみた北山村の農業（所得循環）

じゃばらを特産品に育てた北山村の
みなさん　出典：北山村観光サイト

要素所得（給与など）を得た家計は、そこから税を政府に納めます。家計のメンバーである高齢者は、政府から年金を給付されていますが、これは、政府を通じて家計から納められた税を移転して（現役世代から高齢者につけかえて）いるだけのことなのです。

年金は失業保険などと同様に移転所得といわれます。本来ならば家計が消費や貯蓄できるお金を国民の義務として納税し、政府がそれを年金というかたちで高齢者に戻しているのです（図70-1）。つまり、年金は高齢者のお給料のようなものですが、企業からもらう所得とはまったく意味が違います。

北山村の農業の大部分は、中小規模の農家や個人農家が支えていますが、それでも企業なのです。高齢者が労働力を提供し、じゃばらを育て、加工もしています。また、じゃばらは種では売れないため、育て、加工することによって付加価値をつけていることになります。農家はその対価として所得を得ています。GDPはこのような所得の合計でもあるから、北山村の高齢者たちは GDPを増やし、家計の消費や貯蓄のもとになるお金を増やしているのです。

日本全体でも、人口減少を背景に定年を延長し高齢者に働いてもらおうとしています。北山村はそのモデルといえるでしょう。

●北山村の特産品から　ネット通販の経済的な意味を　考えてみましょう

北山村のじゃばら製品は、インターネット通信販売大手の楽天に出店してから販売量が急増したそうです。じゃばらが花粉症に効くということも、ネットで話題になりました。

ネット通販は消費者にとって身近なものになっていますが、その経済的な意味を、いろいろな観点から見ていきます。

＜取引費用がゼロに近い＞

もし、インターネット通信販売がないとしましょう。北山村のじゃばら製品が欲しい人はどうするでしょうか。購入するためには、北山村に行くか、電話でパンフレットを取り寄せ、注文するしか方法はありません。現地に行くには交通費がかかります。電話で注文しても電話代と運送費がかかってしまいます。こうしたコストを「取引費用」といいます。

つまり、ネット通販は取引費用を劇的に引き下げ、物の取引をスムースにしたといえるでしょう。

＜大量販売が可能になった＞

ネット通販では、日本あるいは世界各地からインターネットで注文することができます。本来、こうした飲み物や食べ物のほとんどは地元で消費され、遠くの人が購入することはできなかったは

ずです。ところが取引費用がゼロに近くなったおかげで、全国、全世界が市場になりました。こうして、大量生産が可能になりました。

＜情報をより完全にした＞

インターネットでは写真で製品を見ることができますし、じゃばらがどのようにして育てられたかもわかります。しかも、もっと重要なのは、「花粉症に効く」という効果があっという間に広がったことです。多くの人びとはインターネットを通じて、効果を知ることができました。

農産品自体は注文があったからといってすぐに生育できませんから、需要にあわせた供給は難しいのです。ところが、長期間になると話は違ってきます。なぜなら、畑を開墾して作付面積を増やせますし、それまで別の農産物をつくっていた農家も、よりもうけの大きいじゃばらの生産に取り組むことになります。また、機械を購入して搾り汁を効率的につくり出すこともできるでしょう。

このようにして、大量生産とまではいかないまでも、ネット通販によって、注文の量と期間が増えることで規模の経済が働くようになった（平均費用の長期逓減）と思われます。製品価格と費用との差額がもうけですから、費用が下がれば、農家のもうけは増えます。

現在、北山村だけではなく、奈良県の下北山村や愛媛県内子町でもじゃばら生産をしているという広告がでています。生産の現場では意識されていないにしても、こうした経済原則が生きており、新しい参入者がいることがわかります。

北山村の筏流し

北山村の面積は約48km²で、その97％は山林です。林業が主産業となっていました。木材は、村を流れる北山川（熊野川の支流）の河口にある新宮まで、筏師が運びました。筏は上流の大台ケ原山方面から北山川に流して運ばれ、北山村大沼付近が中継点となっていました。上流から来た筏師はここから引き返し、下流へは北山村の筏師が引き継ぎ、夏場は2日程度、冬場は3日程度かけて新宮まで材木を運搬していたのです。命がけで材木を新宮港まで運ぶ筏師は非常に高収入だったといわれ、新宮まで下ると高額な報酬を手にすることができました。

その後、輸送手段がトラックに代わり、1965年代には北山川にダムも建設され筏師は姿を消しました。また、東南アジアをはじめとする輸入木材が増加し、建築材としての国産材需要の減少も向かい風になりました。

筏師はどうなったのでしょうか？

1979年に北山川観光筏下りとして筏流しが復活し、往時の筏師が復帰、再び活躍の場が彼らに与えられました。伝統文化である筏に改良を加え、自然の神秘、大スケールが生み出す予想できないスリルが評判を呼び、春から秋にかけ、予約が殺到しています。年間8,000人が体験するという村きっての人気観光ツールに発展しているのです。ちなみに、料金は約1時間で1人6,600円（税込み、2021年現在）です。

北山村の観光筏流し 出典：北山村観光サイト

近畿地方

71

③ 重くてかさばる産物の生産と内航海運

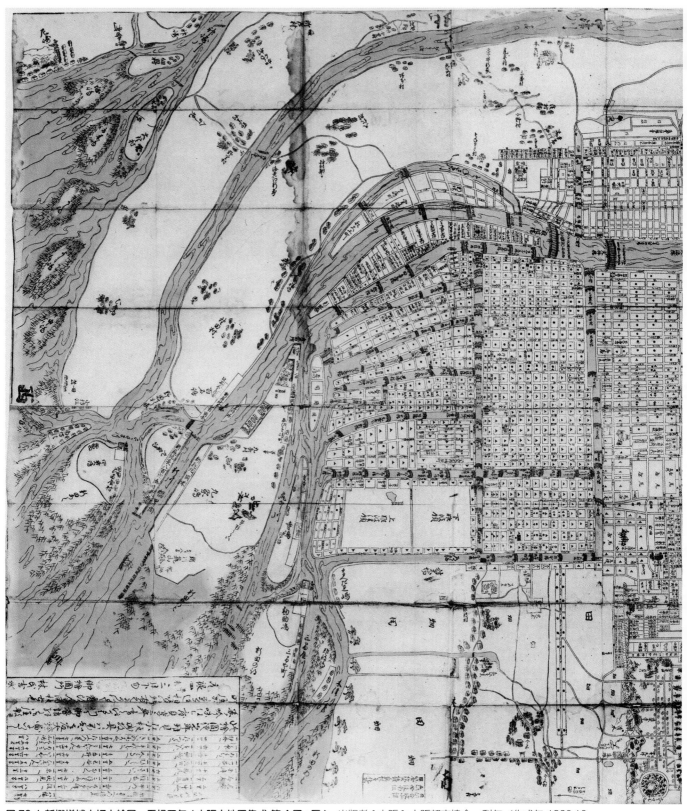

図 72-1 新撰増補大坂大絵図・元禄四年（大阪古地図集成 第 4 図：元） 出版者 [大阪]: 大阪都市協会　刊年／作成年 1980.10

▶ 江戸時代、大坂（大阪）は天下の台所と呼ばれましたが、その都市機能を支えた交通インフラが水運であったことをご存知でしょうか。大坂自体の物資の流通を支えたのも河川＝水運でした。

Q1 「天下の台所＝大坂」 江戸時代の三都の役割は？

●大坂が「台所」である意味

　江戸時代の大坂には、日本海側の各地から米を中心にさまざまな物資が運ばれていました。1730年代（享保年間）に堂島には米会所（米の市場）ができました。米会所には現物市場と帳合米（先物）市場があり、現物市場への米の供給を支えたのが北前船（西廻航路）でした。また、大坂の町には「浪華八百八橋」といわれたほど河川網があり、物資の流通を支えました。

　図 72-1は江戸時代の大坂を描いた地図ですが、たくさんの橋が架かっているのがわかります。これらの橋の多くは商人が架けたもので、商家同士は水運で結ばれていました。

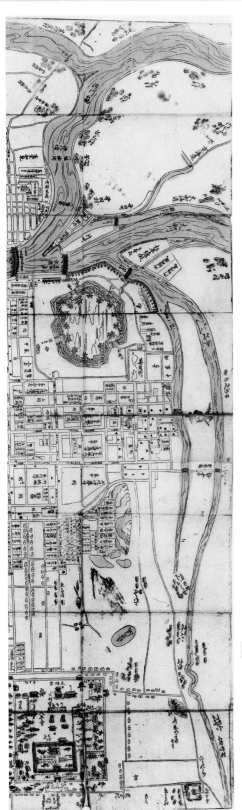

古地図からも、大阪がいかに川を利用したインフラに頼っていたかがわかります。

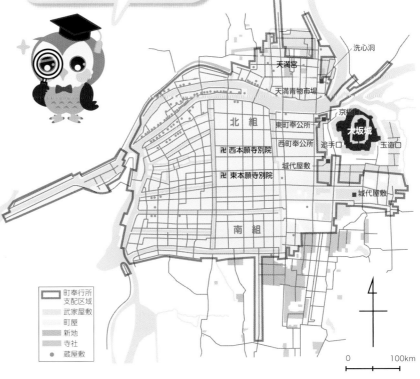

近畿地方

Q2 大阪の町では、なぜ物資の輸送に船が利用されたのでしょうか。

小浜の写真師・井田米蔵が撮影した明治末期から大正期にかけての北前船（井田家所蔵古写真・福井県立若狭歴史博物館提供）

五街道
①東海道
②中山道
③甲州道中
④日光道中
⑤奥州道中

━━ 脇街道
── 海上航路
● 都市
○ 港

0　　　　200km

図 74-1　江戸時代のおもな交通路
資料：『日本の歴史』（小学館）

●物資の輸送に水運（海運）が活用された意味

　そもそもなぜ、物資の輸送に船が利用されたのでしょうか。動力で動く水蒸気船が発明、実用化されたのは 18 世紀末から 19 世紀初ですから、物資を運ぶには船に大きな帆を張って風力と人力で動かさねばなりませんでした。そのため、当時の船は荒れた海に弱く、海難事故も多かったのです。しかも物資は、馬で運んでもよかったはずなのですが、船が選ばれています。

　図 74-1には大坂に物資が運ばれた海上ルートが描かれています。このルートを航行する船は北前船と言われ（上写真参照）、現在の新潟県新潟市、山形県酒田市などの日本海側に位置する米作産地と大坂を結んでいることがわかります。

　こうした航路が開削され、物資の輸送に船が選ばれた背景には、きちんと経済的な原則があるのです。

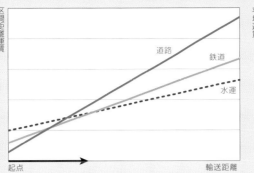
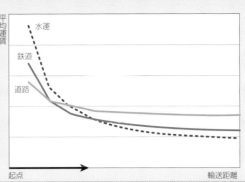

図75-1 輸送機関別の運賃のイメージ 横軸に距離、縦軸に運賃を取って輸送機関ごとの輸送費をイメージしたものです。左は名目の区間運賃を示し、右は名目の区間運賃を距離で割った平均運賃を示しています。

●海運が活用された経済的な背景

　図 75-1のグラフを読み解いて水運の経済的効果を知りましょう。まず、短距離輸送で最も費用が安いのが道路輸送です。江戸時代ならば馬や荷馬車を使うことになります。しかし、こうした輸送では量、距離とも多くを望むことはできません。

　明治期以降は政府や民間の手で鉄道が敷設されますが、グラフの通り、鉄道の運賃が安く、有利なのは中距離帯ということになります。

　日本でもJRが日本国有鉄道（国鉄）であったとき、鉄道は貨物輸送の多くを担っていました。駅には荷物を引き受ける窓口や貨物扱所があり、荷主から鉄道駅に、また鉄道駅からトラックで目的地に運んだのが通運という業態でした。きわめて短距離の陸送ですからトラックが使われました。しかし、高度成長期も後半になると、都市間のトラック輸送が鉄道輸送を凌駕しました。道路整備が進んだことに加え、自動車免許取得者も増加し続けていたのです。各駅からは貨物の引受口や貨物扱所がなくなり、鉄道は旅客輸送が中心になりました。

　もっと遠距離になると水運が最も有利になります。しかも、運賃の増え方もきわめて小さく、輸送距離が伸びても運賃がそれほど変わらないことがわかります。上のグラフからは、船による水運は重量物を遠方まで輸送するのには最も適した輸送手段であったことがわかります。

　北前船で輸送される物資としては、米や北海道の昆布といった食料品が注目されていますが、日本海側の各地域には伝統的な工業品が多く生産されており、それらも貨物として運ばれていました。

　典型的な例が島根県西部の「たたら製鉄」です。

　中国山地は比較的急峻な山が少なく、そこを流れる河川の流れは緩やかです。上流から砂鉄を含んだ花崗岩を流出させ、比重の違いを利用した「かんな流し」によって砂鉄を採取し、それを原料として製鉄しました。

　明治初期までこのような方法で製鉄業が興り、完成した重い鉄製品が北前船で大坂に運ばれていたというわけです。このような手工業は現代の工業とは異なり、多くの人が携わる労働集約的な産業ですから、日本海側に労働人口が多かったこともうなずけます。

　しかし、第二次世界大戦後、日本の工業立地を太平洋側にシフトさせたのも船でした。戦後の日本では、世界の各地から良質で低廉な原材料を輸入し、それを加工して再び船で輸出するという加工貿易のモデルができ上がりました。太平洋側に工場が立地するのは原材料と製品の輸送を考えてのことでした。

中国地方で行われていた砂鉄の採取の模様（かんな流し）
出典：国立国会図書館デジタルコレクション『日本山海名産図解』

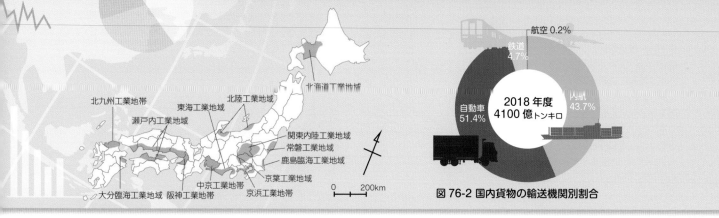

図76-2 国内貨物の輸送機関別割合

出典：日本内航海運組合連合会ホームページ

図76-1 日本の主な工業地帯・地域

●日本の工業立地を決定づけた 水運（海運）のパワー

各地のコンビナートは往時の大坂と同じようにコンビナート内に運河を掘りました。これは、できるだけ船の積み替えをなくすためです。積み替えには機械を使った荷役が必要であり、それだけコストがかかることになります。とりわけ、外洋を移動する船舶に比べ、輸送距離の短い内航海運では、積み替え時間＝コストが相対的に大きくなるからです。そして結果的に、日本の太平洋側に工業地帯・地域が形成され、日本の高度成長が実現されたのです。（図76-1）

●現在の日本の水運（海運）はどのようになっているのでしょうか

現在でも内航海運は、国内貨物の約44％を担う基幹輸送システムです（図76-2）。その荷物の主体は重くかさばる産業の基礎物資です。しかし、日本の産業構造の変化とともに基礎物資の生産が海外に移転され、輸送の物量が減少してきました。そのため、内航海運の事業者は規模を大きくして生き残りを画策した結果、1970年には 10,304だった事業者数は 2020年には 1,828と大幅に減少しました（図 76-3）。さらに、船員数も減り、2019年段階で 50歳以上の船員が 50％超になるなど危機的状況にあります（図76-4）。

一方、外洋海運の状況も決して良いとはいえません。それは、貨物の経済的特性から考えればよくわかります。貨物は、経済活動の結果として生まれるものです。

経済が成長すれば、自動的に増えるという特性

をもっています。しかも、経験的に貨物の伸び率は経済成長率を上回ります。アジア諸国が経済成長を遂げている現状では、その地から送られる物資や、その地を目指した物資が増えているのは自明でしょう。そんな中で日本経済は 1990年代から「失われた 20年」といわれるほど、低成長を続け、マイナス成長も何度か経験しました。日本の経済が立ち止まっている間に世界の経済が成長し、海運の世界も大きく変貌したのです。

たとえば、わが国では横浜港と神戸港が伝統的な貿易港でしたが、2018年には世界 42位と 50位に落ち込んでいます（表77-1）。これは、世界の基幹航路からはずれているためで、欧米の大型船が入港する頻度は大きく落ちこんでいます。

加えて港湾整備や道路の規格の問題もあります。世界の船舶は荷物によってコンテナ船やばら積み船に大別できます。前者はとりわけ大型化が

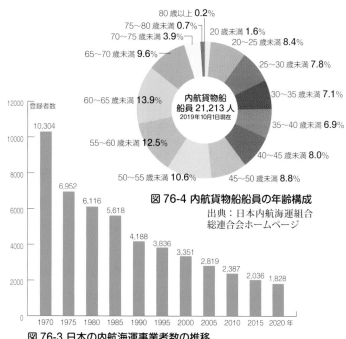

図 76-4 内航貨物船船員の年齢構成

出典：日本内航海運組合
総連合会ホームページ

図 76-3 日本の内航海運事業者数の推移

表 77-1 世界の港湾取扱貨物量ランキング　　　　出典：国土交通省「港湾関係統計データ」

世界の港湾取扱貨物量ランキング（2003年）				世界の港湾取扱貨物量ランキング（2018年）			
総取扱貨物量				総取扱貨物量			
順位	港名	国・地域名	百万トン	順位	港名	国・地域名	百万トン
1	シンガポール	シンガポール	348	1	上海（シャンハイ）	中国	684
2	ロッテルダム	オランダ	327	2	シンガポール	シンガポール	630
3	上海（シャンハイ）	中国	316	3	寧波（ニンボウ）	中国	552
4	サウスルイジアナ	アメリカ	217	4	広州（グァンチョウ）	中国	534
5	香港（ホンコン）	中国	208	5	ポートヘッドランド	オーストラリア	513
6	ヒューストン	アメリカ	172	6	青島（チンタオ）	中国	495
7	千葉	日本	169	7	ロッテルダム	オランダ	469
8	名古屋	日本	168	8	釜山（プサン）	韓国	461
9	広州（グァンチョウ）	中国	168	9	天津（ティンエンチン）	中国	366
10	光陽（クァンヤン）	韓国	165	10	大連（ターリエン）	中国	343
11	釜山（プサン）	韓国	162	11	光陽（クァンヤン）	韓国	302
12	天津（ティンエンチン）	中国	162	12	廈門（アモイ）	中国	282
13	寧波（ニンボウ）	中国	154	13	サウスルイジアナ	アメリカ	275
14	蔚山（ウルサン）	韓国	147	14	香港（ホンコン）	中国	259
15	アントワープ	ベルギー	143	15	ヒューストン	アメリカ	244
16	青島（チンタオ）	中国	141	16	アントワープ	ベルギー	235
17	高雄（カオシュン）	台湾	139	17	イタキ	ブラジル	235
18	仁川（インチョン）	韓国	131	18	深圳（シェンチェン）	中国	225
19	大連（ターリエン）	中国	126	19	秦皇島（チンファンダオ）	中国	222
20	横浜	日本	126	20	ポートケラン	マレーシア	221
21	秦皇島（チンファンダオ）	中国	126	21	蔚山（ウルサン）	韓国	203
22	ロングビーチ	アメリカ	123	22	名古屋	日本	197
23	ロサンゼルス	アメリカ	118	23	ロサンゼルス	アメリカ	195
24	ハンブルグ	ドイツ	107	24	ロングビーチ	アメリカ	181
25	マルセイユ	フランス	96	25	ドバイ	アラブ首長国連邦	174
26	ポートヘッドランド	オーストラリア	90	26	ダンピア	オーストラリア	173
27	大阪	日本	90	27	ニューカッスル	オーストラリア	165
28	北九州	日本	89	28	仁川（インチョン）	韓国	164
29	ポートケラン	マレーシア	89	29	千葉	日本	153
30	ダンピア	オーストラリア	89	30	バンクーバー	カナダ	147
31	東京	日本	88	31	タンジュンペレパス	マレーシア	140
32	深圳（シェンチェン）	中国	88	32	ハンブルグ	ドイツ	136
33	リチャーズベイ	南アフリカ	88	33	サントス	ブラジル	133
34	ニューカッスル	オーストラリア	83	34	ヤンブー	サウジアラビア	128
35	神戸	日本	79	35	ツバラオ	ブラジル	124
36	ニューヨーク／ニュージャージー	アメリカ	78	36	グラッドストーン	オーストラリア	124
37	ツバラオ	ブラジル	78	37	高雄（カオシュン）	台湾	119
38	コーパスクリスティ	アメリカ	77	38	ヘイポイント	オーストラリア	118
39	ヘイポイント	オーストラリア	78	39	イタグアイー	ブラジル	116
40	ル・アーブル	フランス	71	40	平沢（ピョンテク）	韓国	115
41	イタキ	ブラジル	68	41	サイゴン	ベトナム	114
42	バンクーバー	カナダ	67	42	横浜	日本	114
43	アムステルダム	オランダ	65	43	パラディプ	インド	109
44	ドバイ	アラブ首長国連邦	64	44	アルヘシラスーラ・リネア	スペイン	103
45	ノヴォロシースク	ロシア	63	45	北九州	日本	102
46	サントス	ブラジル	60	46	サルダナベイ	南アフリカ	100
47	グラッドストーン	オーストラリア	60	47	アムステルダム	オランダ	100
48	アルヘシラスーラ・リネア	スペイン	57	48	ウスチ＝ルガ	ロシア	99
49	グリムスビー、イミンガム	イギリス	56	49	コーパスクリスティ	アメリカ	96
50	サオセバスチャオ	ブラジル	55	50	神戸	日本	95

出典：SHIPPING STATISTICS YEARBOOK2004, 2019より国都交通省港湾局作成※貨物量は、外内貿易、外貿易のどちらかであり、統一されていない。※各港の単位は、MT・FT・RTのいずれかであり、統一されていない。※ノヴォロシースクの2003年の値は、SHIPPING STATISTICS YEARBOOK2004の2002年の値。

進み、現在では 2万個積み（20フィートコンテナ換算）の船が就航しています。しかし、日本でその船が停泊できるのは横浜港にある本牧埠頭1つだけなのです。

　大型船の停泊のためには水深が必要で、2万個積みのコンテナであれば水深が 18m必要ですが、わが国では本牧埠頭以外にそのような設備はありません。それもまた、外洋海運で遅れをとる原因の1つとなっています。

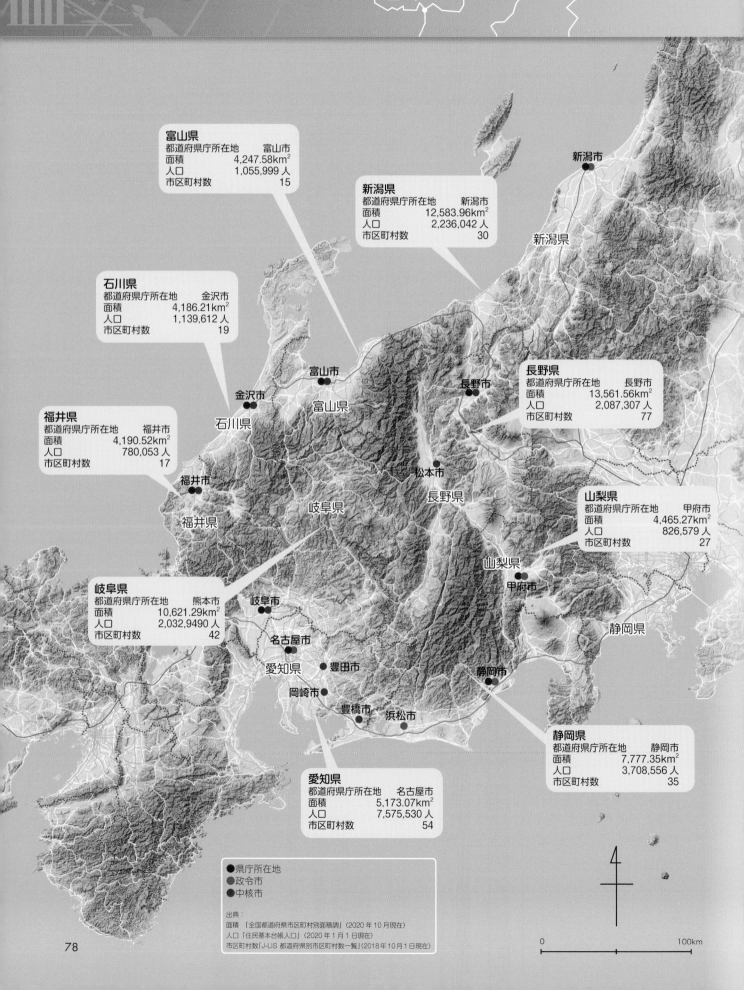

中部 地方

富山県
都道府県庁所在地　富山市
面積　　　　4,247.58km²
人口　　　　1,055,999 人
市区町村数　　　　15

新潟県
都道府県庁所在地　新潟市
面積　　　　12,583.96km²
人口　　　　2,236,042 人
市区町村数　　　　30

石川県
都道府県庁所在地　金沢市
面積　　　　4,186.21km²
人口　　　　1,139,612 人
市区町村数　　　　19

長野県
都道府県庁所在地　長野市
面積　　　　13,561.56km²
人口　　　　2,087,307 人
市区町村数　　　　77

福井県
都道府県庁所在地　福井市
面積　　　　4,190.52km²
人口　　　　780,053 人
市区町村数　　　　17

山梨県
都道府県庁所在地　甲府市
面積　　　　4,465.27km²
人口　　　　826,579 人
市区町村数　　　　27

岐阜県
都道府県庁所在地　熊本市
面積　　　　10,621.29km²
人口　　　　2,032,9490 人
市区町村数　　　　42

愛知県
都道府県庁所在地　名古屋市
面積　　　　5,173.07km²
人口　　　　7,575,530 人
市区町村数　　　　54

静岡県
都道府県庁所在地　静岡市
面積　　　　7,777.35km²
人口　　　　3,708,556 人
市区町村数　　　　35

新潟市　新潟県　富山市　富山県　長野市　長野県
金沢市　石川県　松本市　山梨県　甲府市
福井市　福井県　岐阜県　静岡県
岐阜市　名古屋市　愛知県　豊田市　静岡市
岡崎市　豊橋市　浜松市

●県庁所在地
●政令市
●中核市

出典：
面積「全国都道府県市区町村別面積調」(2020 年 10 月現在)
人口「住民基本台帳人口」(2020 年 1 月 1 日現在)
市区町村数「J-LIS 都道府県別市区町村数一覧」(2018 年 10 月 1 日現在)

0　　　　　　　　100km

本章では、産業の発展が地域の人口や所得を増加させるプロセスを取り上げます。
同時に、産業の発展のきっかけが交通整備である事例を紹介していますので、
社会資本としての交通の役割を学びましょう。

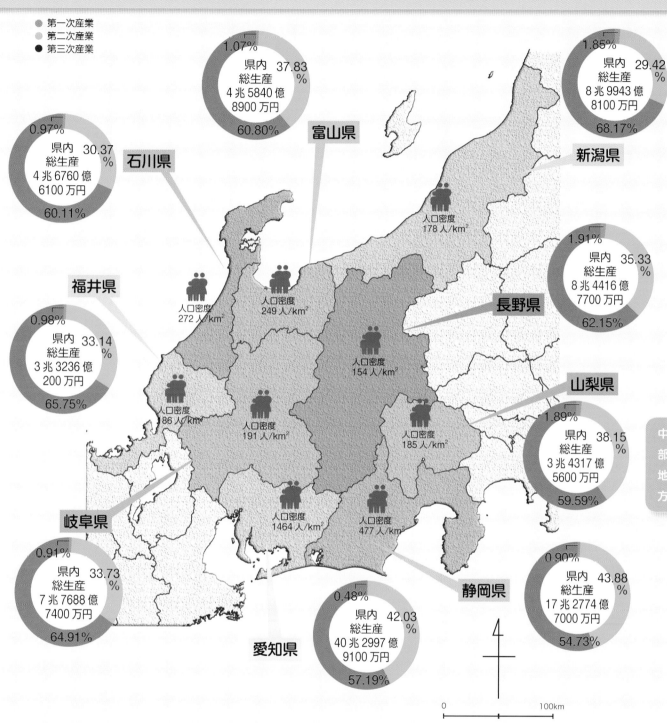

- 第一次産業
- 第二次産業
- 第三次産業

富山県
1.07%
県内総生産 37.83%
4兆5840億8900万円
60.80%

新潟県
1.85%
県内総生産 29.42%
8兆9943億8100万円
68.17%

石川県
0.97%
県内総生産 30.37%
4兆6760億6100万円
60.11%

福井県
0.98%
県内総生産 33.14%
3兆3236億200万円
65.75%

長野県
1.91%
県内総生産 35.33%
8兆4416億7700万円
62.15%

山梨県
1.89%
県内総生産 38.15%
3兆4317億5600万円
59.59%

岐阜県
0.91%
県内総生産 33.73%
7兆7688億7400万円
64.91%

静岡県
0.90%
県内総生産 43.88%
17兆2774億7000万円
54.73%

愛知県
0.48%
県内総生産 42.03%
40兆2997億9100万円
57.19%

人口密度 178人/km²
人口密度 272人/km²
人口密度 249人/km²
人口密度 86人/km²
人口密度 191人/km²
人口密度 154人/km²
人口密度 185人/km²
人口密度 1464人/km²
人口密度 477人/km²

0 100km

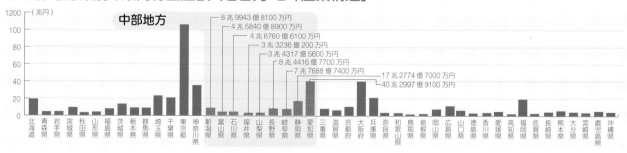

●中部地方県別「県内総生産額（名目）」と「産業構造」出典：県民経済計算（平成29／2017年度）

8兆9943億8100万円
4兆5840億8900万円
4兆6760億6100万円
3兆3236億200万円
3兆4317億5600万円
8兆4416億7700万円
7兆7688億7400万円
17兆2774億7000万円
40兆2997億9100万円

中部地方

北海道 青森県 岩手県 宮城県 秋田県 山形県 福島県 茨城県 栃木県 群馬県 埼玉県 千葉県 東京都 神奈川県 新潟県 富山県 石川県 福井県 山梨県 長野県 岐阜県 静岡県 愛知県 三重県 滋賀県 京都府 大阪府 兵庫県 奈良県 和歌山県 鳥取県 島根県 岡山県 広島県 山口県 徳島県 香川県 愛媛県 高知県 福岡県 佐賀県 長崎県 熊本県 大分県 宮崎県 鹿児島県 沖縄県

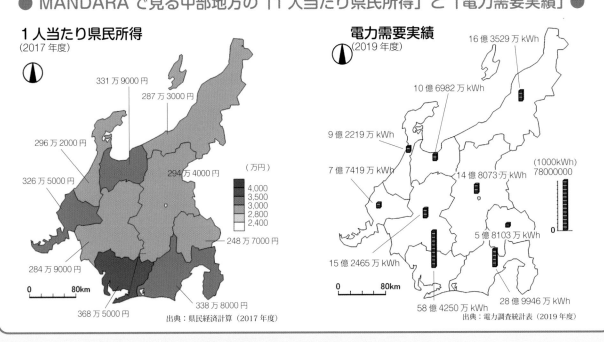

● MANDARA で見る中部地方の「1人当たり県民所得」と「電力需要実績」●

1人当たり県民所得
(2017年度)

331万9000円
287万3000円
296万2000円
326万5000円
294万4000円
248万7000円
284万9000円
338万8000円
368万5000円

（万円）
4,000
3,500
3,000
2,800
2,400

0　　80km

出典：県民経済計算（2017年度）

電力需要実績
(2019年度)

16億3529万kWh
10億6982万kWh
9億2219万kWh
14億8073万kWh
7億7419万kWh
5億8103万kWh
15億2465万kWh
58億4250万kWh
28億9946万kWh

(1000kWh)
78000000

0

0　　80km

出典：電力調査統計表（2019年度）

●中部地方各県の人口と高齢化率の推移

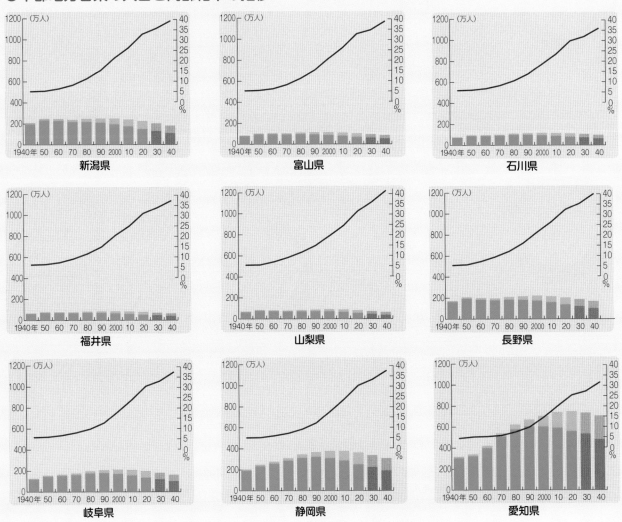

新潟県　富山県　石川県

福井県　山梨県　長野県

岐阜県　静岡県　愛知県

出典：国勢調査、国立社会保障・人口問題研究所「日本の地域別将来推計人口（平成30年推計）」

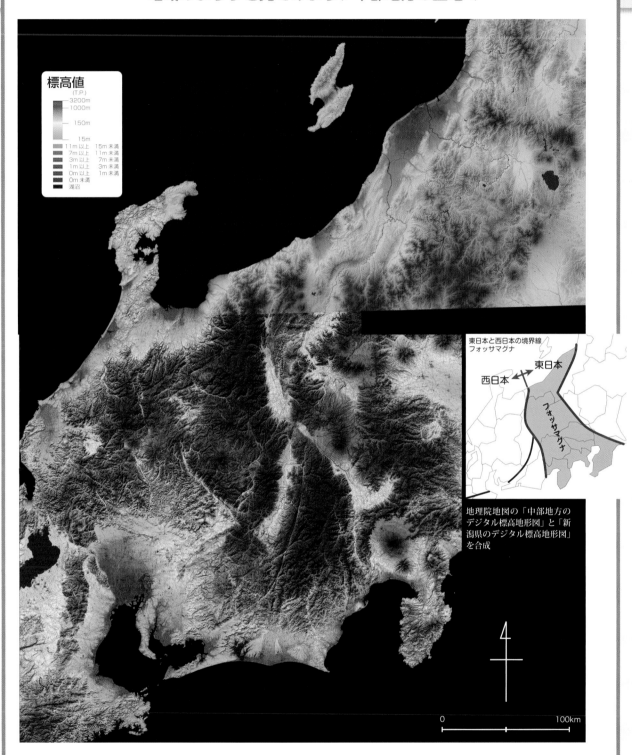

標高値
(T.P.)
3200m
1000m
150m
15m
11m以上　15m未満
7m以上　11m未満
3m以上　7m未満
1m以上　3m未満
0m以上　1m未満
0m未満
湖沼

東日本と西日本の境界線
フォッサマグナ

東日本

西日本

フォッサマグナ

地理院地図の「中部地方の
デジタル標高地形図」と「新
潟県のデジタル標高地形図」
を合成

0　　　　　　　100km

フォッサマグナと中部地方の地形

　日本列島のほぼ真ん中をフォッサマグナ（ラテン語で大きな溝の意味）が走っている。これは、日本列島がアジア大陸から離れるときにできた大地の裂目（断層）で、かつては海だった。そこにたまった新しい地層が隆起した後、焼山や富士山などを含む、南北方向の火山列を形成した。フォッサマグナの西縁は糸魚川―静岡構造線と呼ばれ、北アメリカプレートとユーラシアプレートの境界とも考えられており、これを境に東日本と西日本が地質学的に分けられる。

1 高原野菜の作付け強化が生産を拡大

図 82-1　川上村から築地市場までのルート

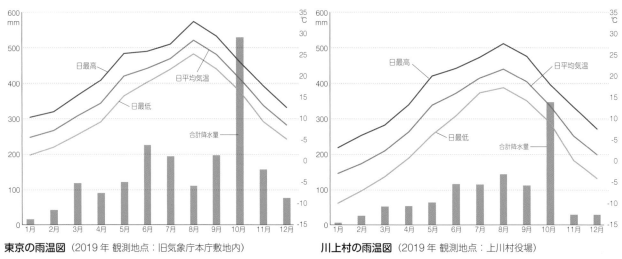

東京の雨温図（2019年 観測地点：旧気象庁本庁敷地内）　　川上村の雨温図（2019年 観測地点：上川村役場）

高原野菜のレタス畑　土地条件を克服するため、冷涼気候に適した高原野菜として、昭和初期にはくさいの栽培が試みられた。しかし、当時、交通は整備されていないため、長野県から首都圏に高原野菜は流通せず、商圏はきわめて限定されていた。

出典：川上村ホームページ

▶ およそ標高 1,000 mに位置する八ヶ岳山麓にある長野県川上村は、火山灰に覆われています。火山灰土壌は、透水性が高く水分を涵養することが難しいため、稲作には不適です。

Q1 川上村の農業の特徴と生産量について考えてみましょう。

●高速道路の整備によって商圏と農業労働者に変化が見られます

図 82-1で示しているのは長野県川上村から東京の大田市場（青果物市場）までの野菜の輸送ルートです。2つの高速道路が利用され、渋滞がなければ所要時間は 2時間 41分となっています。東京のスーパーが産地と契約していれば、朝どれ野菜がスーパーの開店時に店頭に並ぶのは容易なことになりました。当然、「より新鮮な野菜」という付加価値が付いた商品を見た消費者は購入回数を増やしたり、高い値段でも買うかもしれません。これによってスーパーの売上だけでなく、農家の収入も増えます。現在、川上村にはおよそ 800戸の農家があり、平均の売上額は 2,000万円（年額）となっています。

図 83-1は、全国と長野県と比べた、川上村の農業従事者の年齢階層を示しています。70歳以上の比率が全国平均では 42.7%、長野県では 55.4%であるのに対し、川上村では 22.9%にすぎません。また、20・30歳代の農業従事者が多くいることもわかります。農業の機械化が進んだとはいえ、農業は重労働です。こうした若年労働者の存在が川上村の農業の生産力を上げていることは、間違いありません。

加えて、若年労働者には家族がいることが多く、子どももいます。そのため、町の人口も増えます。このような、子どもの誕生による人口増を自然増加といい、主に転居による社会増加とは区別されます（図 83-2）。

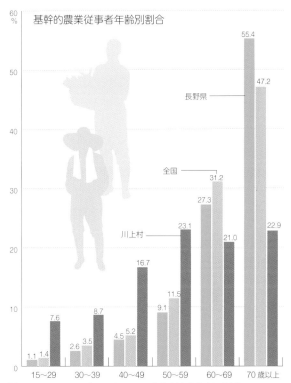

図 83-1 長野県・全国・川上村の農業従事者年齢別割合
出典：農林業センサス（2015年）

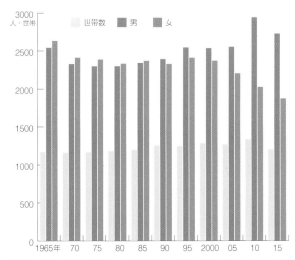

図 83-2 川上村の世帯数・人口の推移　出典：川上村ホームページ

2 企業城下町としての豊田市

▶ ある特定の企業や工場を中心として、発展している都市（自治体）のことを「企業城下町」と呼びます。世界的な自動車メーカー「トヨタ」の本社がある豊田市の実態に迫ってみましょう。

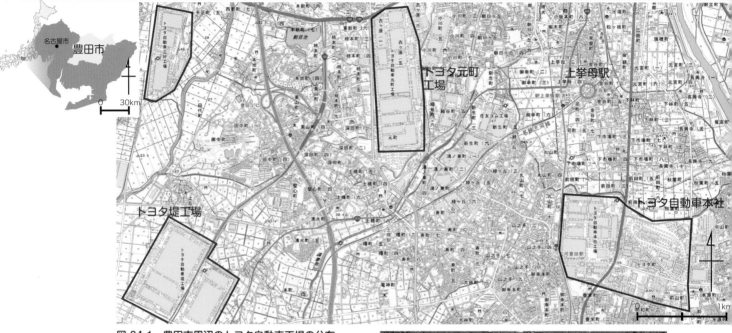

図 84-1　豊田市周辺のトヨタ自動車工場の分布
地理院地図

Q1 自動車産業に依存する豊田市の実情とは？

トヨタ自動車本社工場　地理院地図（写真）

●「企業城下町」とは、どのような町をいうのでしょうか

「挙母市」という地名をご存知でしょうか。これは現在の愛知県豊田市の旧名称で、1959年に改称されました。**図84-1**を見ればわかるように、挙母という名前は「　　」という駅名で確認できます。この改称によって豊田市は名実ともにクルマの町となり、トヨタ自動車の本社の所在地は豊田市トヨタ町1番地となりました（地図中の□印がトヨタ本社）。トヨタ自動車の工場はトヨタ町だけではなく、近隣の町にも立地していることがわかります。たとえば、○印はトヨタ自動車堤工場（豊田市堤町）です。この工場は 1970年に開設されましたが、この付近の東名自動車道路の豊田イン

ターチェンジが 1968年に完成したことから、製品と部品のトラック輸送を前提に立地されたこともうかがえます。

このように、特定の企業や産業に経済基盤を依存する都市を「企業城下町」と呼びます。

しかし、ただ本社があればよいというものではありません。豊田市は自動車関連製造業の統計を継続して公表していますが、**図 85-1**は工場数、従業者数、製造品出荷額を示しています。

自動車産業には技術開発部門が必要ですから多くの技術者が必要ですし、製造部品も多いため、関連会社や下請け会社も付近には多く立地し、自

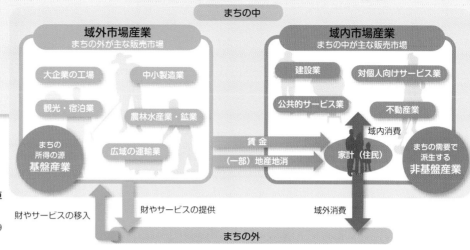

基盤産業と非基盤産業における財やサービスの循環

域外市場産業
まちの外が主な販売市場

大企業の工場　中小製造業
観光・宿泊業　農林水産業・鉱業
まちの所得の源 **基盤産業**　広域の運輸業

域内市場産業
まちの中が主な販売市場

建設業　対個人向けサービス業
公共的サービス業　不動産業
賃金　域内消費
（一部）地産地消　家計（住民）　まちの需要で派生する **非基盤産業**

財やサービスの移入　財やサービスの提供　域外消費

まちの中

まちの外

図 85-1　豊田市における自動車関連産業の位置づけ

出典：『豊田市の工業：平成29年工業統計調査結果報告書』

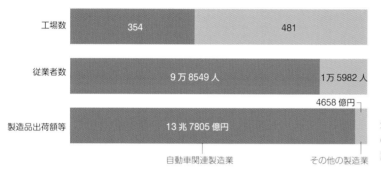

工場数	354	481
従業者数	9 万 8549 人	1 万 5982 人
製造品出荷額等	13 兆 7805 億円	4658 億円

自動車関連製造業　　その他の製造業

注）自動車関連産業：たとえば、ある事業所の総生産額が 1 億円、自動車部品の生産額が 1,000 万円の場合、1 億円が自動車関連製造業の生産額として集計されている。

動車の販売会社もあります。これらの事業所では多くの雇用が生まれますし、事業所に通勤する従業員が周辺に居住します。また、企業収益の拡大とともに地元の豊田市の法人事業税収や雇用者の住民税収が増えます。そして増収は行政サービスの向上というかたちで住民に還元されます。企業城下町にはこのような正の循環があり、企業の成長とともに都市が成長します。反対に、企業業績の悪化とともに都市が衰退するケースがあります。これについては別項で説明します。

●地域の経済を見る視点、基盤産業と非基盤産業を考えてみましょう

地域の経済的な特色を把握するために、地域の産業は基盤産業（basic industry）と非基盤産業（non-basic industry）の 2 つに大別できます。

基盤産業とは自動車産業や採炭業のように、地域外に生産物を移出するような産業のことです。

非基盤産業とは基盤産業の雇用者や家族が購入するような財やサービスを提供する産業のことをいいます。

基盤産業の生産物に対する注文が増えると、それにあわせて雇用も増えます。雇用の増加は家族の増加も意味し、非基盤産業に対するニーズも高まることが予想されます。すると、さらにそこでも雇用が生まれ、都市全体の人口が増えるという流れとなります。

別の見方をすれば、仕事が生まれることによって人口の社会増加がもたらされ、家族を形成することで子どもも生まれます。つまり、人口の自然増加です。このような人口の社会増加が自然増加をもたらすという循環は、まさしく、企業という城の周囲に住民が暮らす「城下町」といえるわけです。

もっとも、現在ではトヨタ自動車の生産台数のおよそ 7 割が海外で生産されており、国内生産市場は頭打ち状態にあります。企業の成長は海外生産にかかっているともいえ、事情は他の自動車メーカーも同様です。つまり、トヨタ自動車の生産額や収益額が伸びたとしても、豊田市の雇用や人口の伸びはかつてほど大きくないことも推し量ることができるでしょう。

電気自動車充電スポット
（高速のサービスエリアに設置される）

図 86-1　世界の主要自動車メーカー別「EV・PHV・PHEV」の年間販売台数
（2019 年）出典：Hyogo Mitsubishi Motor Sales Group.HP
EV は Electric Vehicle、PHV は Plug-in Hybrid Vehicle、PHEV は Plug-in Hybrid Electric Vehicle の略

高度経済成長期の日本では、豊田市と同様に、重化学工業を中心とした企業城下町が多くできました。それは、重化学工業の産業としての特質に依存していました。いわゆる重厚長大製品をつくる製造業です。サービス業に比べ、製造業は関連産業を中心に産業の連関構造をもつため、雇用をつくり出す効果が大きかったのです。しかし、現在の製造業は大きく変わりました。金型などの根幹は人手に依存しているものの、当時に比べて多くの単純労働がロボットやコンピュータに置き換わりました。

●これからの新しい技術と都市の関係について整理してみましょう

今、自動車業界は脱ガソリンに向けて、大きな転換期にあります。

2019年になってフランスやイギリスをはじめ、ヨーロッパの先進国では 2030年をめどにガソリンで駆動する自動車の販売を禁止し、すべて電気自動車に切り替えると発表しました。自動車の排気ガスが大気汚染に、さらに地球温暖化にもつながると考えているからです。2019年 7月には中進国といわれるインド国会で、建国以来といわれる間接税改革が成立し、物品・サービス税の税率が簡素化されました。その中で、電気自動車に軽減税率が適用されることが決まりました。

トヨタ、本田技研、日産を中心としたわが国の自動車メーカーの戦略は微妙に異なるものの、電気を使ったガソリン車の技術改善に力を入れてきました。それに比べ、中国のメーカーはガソリン車では日米に勝てないと判断し、電気自動車の開発に力点をおいてきました。そのため、中国でも電気自動車への転換が急速に進むと考えられています（図 86-1）。インドや中国といった経済発展の余地が大きい国々では、人びとの所得が増えていくと考えられますので、自動車保有率は高まります。そのような国々の政策が電気自動車への転換を促進するようなものになっています。

この事例からもわかる通り、使用燃料の変化は、20世紀に自動車が発明されて以来の大きな技術革新になることと思われます。先進国の自動車はすでに成熟した財ですが、電気自動車の開発とともに、充電の技術が進み施設が充実すれば、国内での販売台数も再び増加するでしょう。また、海外での売り上げが増加することは間違いありません。トヨタは電気自動車の技術のほかに自動運転技術にも力を入れています。こうした技術を搭載した自動車が世界の人びとに受け入れられるのか、それがトヨタ自動車ひいては豊田市の命運を握っているともいえましょう。

考えて みよう　北前船と富山の薬（富山県）

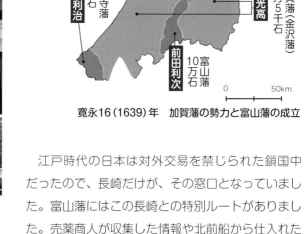

寛永16（1639）年　加賀藩の勢力と富山藩の成立

前田利治
前田利次
前田光高
加賀藩（金沢藩）
102万5千石
大聖寺藩
7万石
前田利治
富山藩
10万石
前田利次

いまも「反魂丹」を製造・販売している富山の老舗
「池田安兵衛商店」

　17世紀末、富山藩は、10万石の小国ながら多くの家臣を抱え、河川に囲まれた領地は水害や冷害に見舞われ財政が困窮していました。そんな時、岡山の医師が伝えた「反魂丹」という腹痛の薬が、江戸城での出来事により有名になりました。

　「突然激しい腹痛に見舞われた大名に、富山藩2代藩主・前田正甫公が携帯していた妙薬「反魂丹」を与えたところ、たちまち痛みは治まり、同席していた大名たちはその効き目に驚いて自国での販売を求めたという」のです（一般社団法人富山県薬業連合会ホームページより）。

　富山薬の特徴は、売薬商人が品物を先に預け、使った分だけの代金を後から回収する「置き薬」の方法です（「先用後利」）。富山藩は、「反魂丹役所」を設置し、全国を行商する売薬商人に資金援助をするほか、他領でのトラブルの解決、原料の一括購入、製品の検査など「官」「民」の協力体制を築き上げました。

　売薬商人は、行商もしますが、自ら薬をつくります。その原料の生薬は、中国や東南アジアから入手しなければなりません。

　江戸時代の日本は対外交易を禁じられた鎖国中だったので、長崎だけが、その窓口となっていました。富山藩にはこの長崎との特別ルートがありました。売薬商人が収集した情報や北前船から仕入れた昆布を献上するのと引き換えに、富山一薩摩一琉球一中国との密輸ルートをつくり、安くて最高の原料を大量に仕入れたのです。

　こうしてつくられた薬を売る売薬の仕事には「読み、書き、そろばん」が不可欠でしたから、富山では寺子屋で学んだ子どもたちが売薬商人になりました。そして得意先には、四角い紙風船や売薬版画といわれる浮世絵版画などをおまけにつけた他、上得意には九谷焼や輪島塗などの高級品を進物として贈り、信用を築きました。

　富山の薬から、江戸時代の官民による財政政策、交通、流通、教育、特産品などが見えてきます。

（JR西日本「西Navi北陸」2017年1月などより）

富山駅前の「売薬さん銅像」

③ ゆるキャラ「へしこちゃん」が生まれるとき

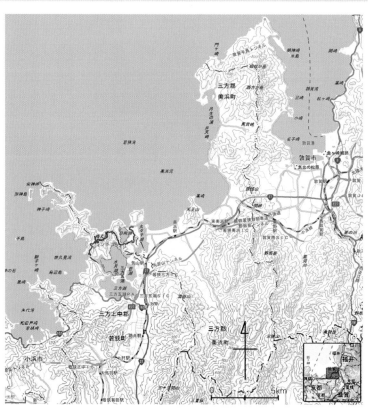

図88-1 2006（平成18）年に誕生した美浜町のゆるキャラ「へしこちゃん」 提供：若狭美浜観光協会

●へしこちゃんの登場と 福井県美浜町の関係を 探っていきましょう

図88-1の"ゆるキャラ"をご存知でしょうか。サバの糠漬けである、福井県美浜町の郷土食「へしこ」をモチーフした「へしこちゃん」です。

「へしこ」とは若狭や越前・丹後地方における魚類の保存食です。冬期に背割りした鯖や鰯などを塩漬し、その後に魚醤や醤油などの調味料と一緒に糖漬けされます。一年余りに渡って発酵・熟成され、この水産加工品は保存食としてだけでなく、お土産物としても人気があります。へしこちゃんの背中にはノルウェー産のサバの模様が描かれているのですが、これは現在、美浜町のへしこが品質維持のため、ノルウェー産のサバを使用しているところからきてます。女の子に設定されてい

る「へしこちゃん」は、黄色のマフラーをしています。これは、唐辛子と酒粕をまぜた糠に漬け込まれていることを示しています。この酒粕は、1718（享保3）年に当地で創業された酒蔵の酒粕で、その店の宣伝にもなっています。彼女の登場には、美浜町の観光をめぐる社会・経済的背景の変遷が読み取れます。

若狭湾に面する美浜町には、いくつかの海水浴場があります。中でも、久々子海岸は第二次世界大戦以前から日本海側屈指の海水浴場として有名でした。1893（明治26）年に滋賀県長浜―福井県敦賀間、1918（大正7）年に敦賀―小浜間の鉄道開通によって、京阪・中京地方からの多くの海水浴客が訪れるようになったからです。

1935（昭和10）年頃に久々子浜海水浴組合が発行した『久々子浜御案内』の付図（図89-1）には、

図 89-1 　『久々子浜御案内』（美浜町歴史文化館所蔵）

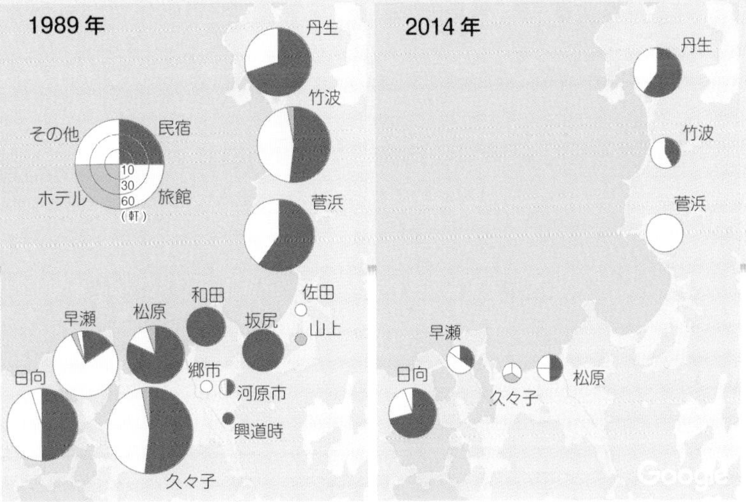

1989 年

その他　　民宿
ホテル　　旅館

丹生
竹波
菅浜
早瀬　松原　和田　佐田
日向　　　　郷市　坂尻　山上
　　　　　河原市
　　　　　興道時
久々子

2014 年

丹生
竹波
菅浜
早瀬　　　　　松原
日向　久々子

図 89-2 　激減した久々子とその周辺の宿泊施設。
出典：河原典史「漁業振興をめぐる地域資源の新しい活用」地域漁業研究　第
59 巻、第 1 号、2019

海上に遊泳区間を示す赤旗が連なり、飛び込み台のようなものが描かれています。「モーターボート発着場」の描写は、三方五湖をめぐる遊覧船を指すのでしょう。とりわけ、久々子には福井県北部からだけではなく、京阪・中京地方から児童・生徒たちの臨海学校が開かれていたことからも、海水浴場として定着していたことがわかります。

高度経済成長期には、美浜町を訪れる観光客はさらに増加しました。これは、1966（昭和 41）年に始まった美浜原子力発電所の建設工事と密接に関わっています。工事のために沿岸道路が整備されることによって、それまで訪れることが難しかった敦賀半島北西部の砂浜海岸も、「水晶浜」や「ダイヤモンド浜」と命名され、海水浴場として認知されるようになったのです。美浜町沿岸のすべての集落に民宿が立地し、さらに定員を超えた宿泊客を収容するために町の内陸部の集落でも、民宿が営業されたのです（図 89-2）。

● 福井県美浜町の新たな町おこし

現在では、ほとんどの学校にプールが設置され、夏期の臨海学校の必要がなくなりました。また、大都市周辺にさまざまなレクリエーションプールが誕生すると、遠方の海水浴場を訪れる人たちは減少しました。2001（平成 13）年、美浜町の海水浴客は 20 万人を下回り、1970 年代の約 1/3 にまで減少したのです（図 89-2）。

そこで、美浜町の人々は夏期に限定される海水浴客だけではない新しい観光客の誘致を試みました。1989（平成元）年、美浜町観光協会と水産振興会が冬季における若狭フグ料理の宣伝をはじめました。さらに、通年的な食文化をアピールするため、1999（平成 11）年に美浜町名物料理検討委員会が伝統的な郷土食「へしこ」を積極的に取りあげるようになりました。2004（平成 16）年には 4 名の民宿経営者からなる「女将の会」が立ちあがり、2 年後にはこの会がつくった最初の「へしこ」を出荷し、ブランド展開を進めました。行政も全面的に協力し、各地へのキャンペーンはもちろん、可能な限りテレビや新聞などのマスコミからの発信を積極的に行ってきました。そのひとつが、「へしこちゃん」なのです。そして、2009（平成 21）年に彼女は郷土愛あふれる容姿から「ゆるキャラアワード 2009」グランプリを受賞したのです。

美浜町は、交通路の整備によって海水浴場を中心とする集客を、農漁業との兼業で進めてきました。その後のレクリエーションの多様化により、夏季に限定された観光業から脱却するため、住民と行政は一体になって食文化を活かした地域振興を成功させたのです。

関東 地方

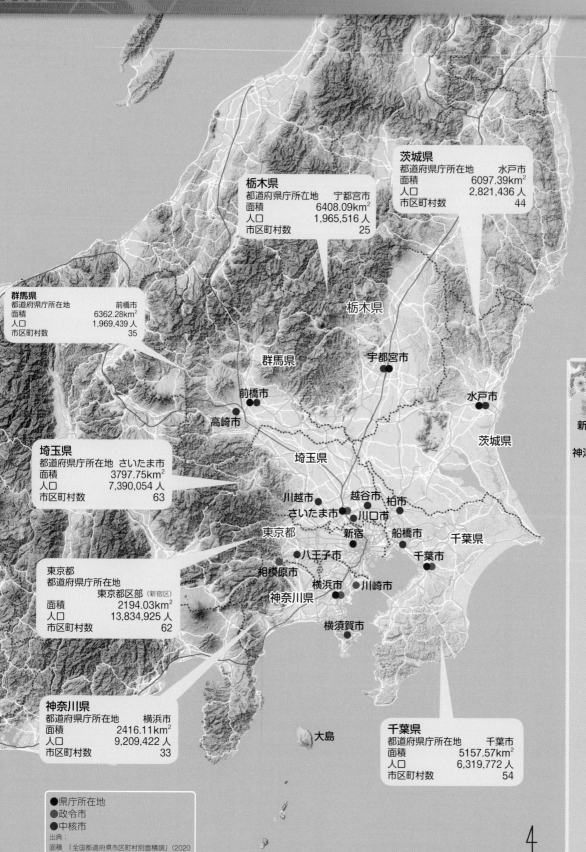

茨城県
都道府県庁所在地　　水戸市
面積　　　　　6097.39km²
人口　　　2,821,436 人
市区町村数　　　　　44

栃木県
都道府県庁所在地　宇都宮市
面積　　　　　6408.09km²
人口　　　1,965,516 人
市区町村数　　　　　25

群馬県
都道府県庁所在地　　前橋市
面積　　　　　6362.28km²
人口　　　1,969,439 人
市区町村数　　　　　35

埼玉県
都道府県庁所在地　さいたま市
面積　　　　　3797.75km²
人口　　　7,390,054 人
市区町村数　　　　　63

東京都
都道府県庁所在地
　　　　　東京都区部（新宿区）
面積　　　　　2194.03km²
人口　　　13,834,925 人
市区町村数　　　　　62

神奈川県
都道府県庁所在地　　横浜市
面積　　　　　2416.11km²
人口　　　9,209,422 人
市区町村数　　　　　33

千葉県
都道府県庁所在地　　千葉市
面積　　　　　5157.57km²
人口　　　6,319,772 人
市区町村数　　　　　54

栃木県
群馬県
宇都宮市
前橋市
高崎市
水戸市
茨城県
埼玉県
川越市　越谷市　柏市
さいたま市　川口市
東京都　新宿　船橋市
八王子市　　千葉市
相模原市　横浜市　川崎市
神奈川県　横須賀市
千葉県
大島

東京都
大島
新島　利島
神津島　三宅島
御蔵島
八丈島

小笠原島

母島

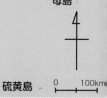

硫黄島

●県庁所在地
●政令市
●中核市
出典：
面積 「全国都道府県市区町村別面積調」（2020
　年10月現在）
人口「住民基本台帳人口」（2020年1月1日現在）
市区町村数「J-LIS 都道府県別市区町村数一覧」
　（2018年10月1日現在）

0　　　　　　　　　100km

本章では、首都圏を中心とする関東の今昔を取り上げます。
近年、災害が頻発し、激甚化していますが、防災のために河川改修
が永続していることを学びましょう。さらに、地価から経済的な効
率の意味を理解してください。

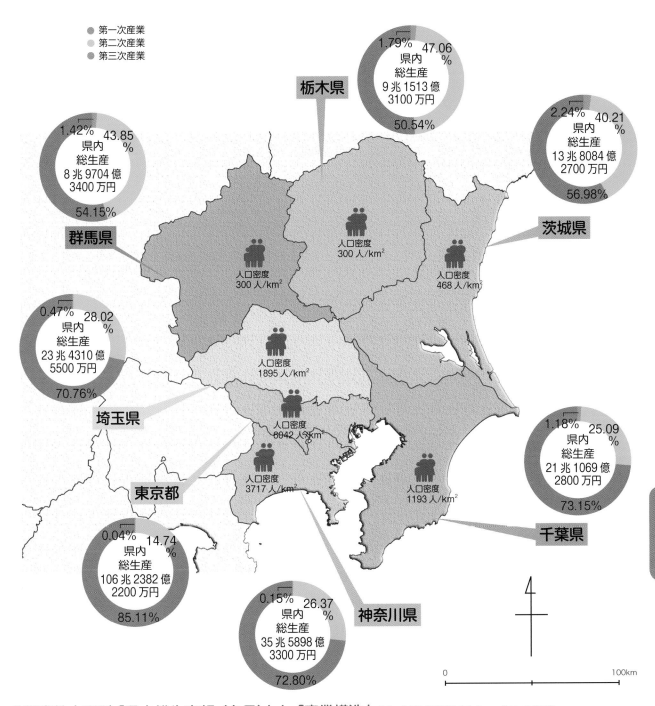

- 第一次産業
- 第二次産業
- 第三次産業

栃木県
1.79%　47.06%
県内
総生産
9兆1513億
3100万円
50.54%

2.24%　40.21%
県内
総生産
13兆8084億
2700万円
56.98%
茨城県

人口密度
300人/km²

人口密度
300人/km²

人口密度
468人/km²

1.42%　43.85%
県内
総生産
8兆9704億
3400万円
54.15%
群馬県

0.47%　28.02%
県内
総生産
23兆4310億
5500万円
70.76%
埼玉県

人口密度
1895人/km²

人口密度
6042人/km²

東京都

人口密度
3717人/km²

人口密度
1193人/km²

1.18%　25.09%
県内
総生産
21兆1069億
2800万円
73.15%

0.04%　14.74%
県内
総生産
106兆2382億
2200万円
85.11%

千葉県

0.15%　26.37%
県内
総生産
35兆5898億
3300万円
72.80%
神奈川県

0   100km

●関東地方県別「県内総生産額（名目）」と「産業構造」 出典：県民経済計算（平成29 / 2017年度）

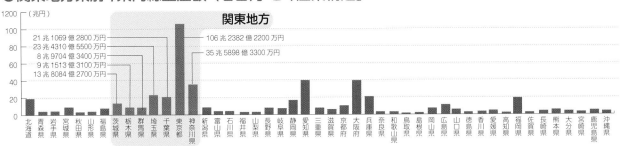

1200（兆円）
100
21兆1069億2800万円
23兆4310億5500万円　　　106兆2382億2200万円
80
8兆9704億3400万円
9兆1513億3100万円　　　35兆5898億3300万円
60
13兆8084億2700万円
40
20

関東地方

北海道 青森県 岩手県 宮城県 秋田県 山形県 福島県 茨城県 栃木県 群馬県 埼玉県 千葉県 東京都 神奈川県 新潟県 富山県 石川県 福井県 山梨県 長野県 岐阜県 静岡県 愛知県 三重県 滋賀県 京都府 大阪府 兵庫県 奈良県 和歌山県 鳥取県 島根県 岡山県 広島県 山口県 徳島県 香川県 愛媛県 高知県 福岡県 佐賀県 長崎県 熊本県 大分県 宮崎県 鹿児島県 沖縄県

● MANDARA で見る関東地方の「1人当たり県民所得」と「電力需要実績」●

1人当たり県民所得
(2017年度)

341万3000円

332万5000円

330万6000円

306万7000円

542万7000円

319万3000円

322万7000円

(1000円)
4,000
3,500
3,000
2,800
2,400

0 40km

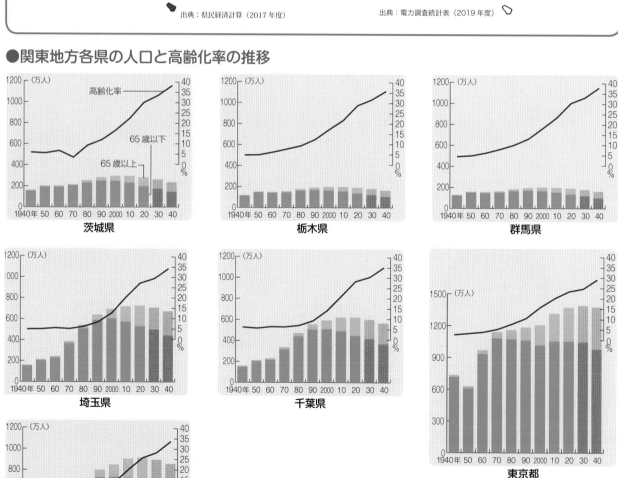

出典：県民経済計算（2017年度）

電力需要実績
(2019年度)

162億8259万kWh

159億413万kWh

248億1807万kWh

375億143万kWh

771億1468万kWh

354億6881万kWh

471億5656万kWh

(1000kWh)
80000000

0

0 40km

出典：電力調査統計表（2019年度）

●関東地方各県の人口と高齢化率の推移

高齢化率

65歳以下

65歳以上

茨城県

栃木県

群馬県

埼玉県

千葉県

東京都

神奈川県

出典：国勢調査および2030、2040年は人口問題研究所の「日本の地域別将来推計人口（平成30年推計）」

地域のようすを見てみよう▶横浜を中心とした土地利用の変化◀

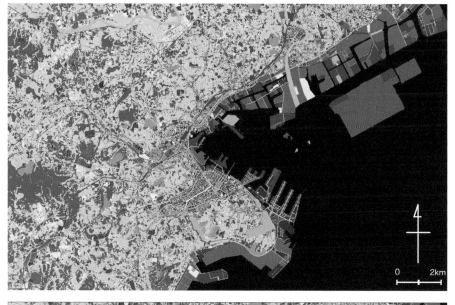

1974 年

	山林・荒地等
	田
	畑・その他の耕地
	造成中地
	空地
	工業用地
	一般低層住宅
	密集低層住宅
	中高層住宅地
	商業・業務地区
	道路用地
	公園・緑地等
	その他の公共公益施設
	河川・湖沼等
	その他
	海
	対象地区外
	ダミーコード

2005 年

いずれも国土地理院の宅地利用動向調査（首都圏用）より

Google Earth で見る 2019 年の横浜市周辺

年代とともに都市がどう発展していくか見てみましょう。

関東地方

93

1 都心回帰と効率性

▶ 地理を学ぶうえでは、よくフィールドワークを実施し、地図と現実の地形や建物を見比べます。ここでは、そこに経済的視点を加味したいと思います。

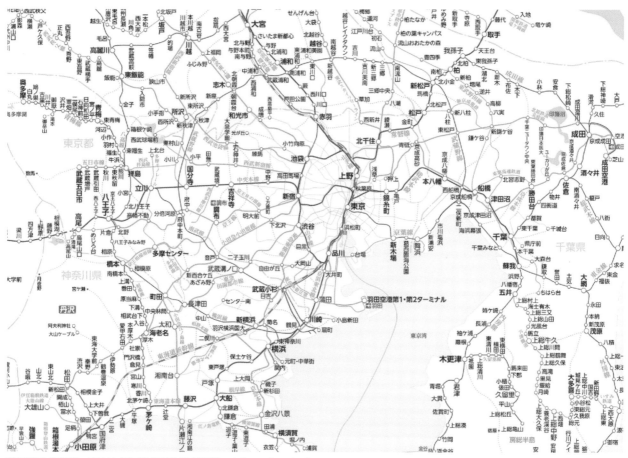

首都圏の鉄道網 東京と周囲の住圏を結ぶ鉄道 出典：エキスパート for WEB

お台場から見た
レインボーブリッジ

さまざまな機能をもつ電子地図を使えば、ストリートビュー機能で、その場所に行っているような感覚ももてます。

「品川シーサイドフォレスト」の公園空地。　多くの植栽が配置されている。

●居住環境が都心部と郊外では「トレードオフ」にあることを考えてみましょう

都市圏の住環境を考えるとき，郊外で広い一戸建て住宅に住んで自然豊かな環境に住みたければ、通勤時間は長くなり、混雑した電車に乗って通勤せざるを得なくなります。他方、都心に新しく住もうとすれば狭いマンションで辛抱しなければなりませんが、通勤は楽です。こうした、何かを優先すると別のものをあきらめる、といった状況を「トレードオフ」といいます。

10年後の自分がどんな環境で働いているかを想像してみると、都市問題を考える端緒となるでしょう。

この数年「都心回帰」という現象がみられるようになりました。たとえば、東京都で考えると、1995年に34,780人であった千代田区の人口は、2015年に58,406人になっています。トレードオフの例からすれば、たとえ狭くても通勤に便利なところに住宅を借りたり、購入する傾向が強くなっていることを示しています。

●都市計画と公開空地

近年は都心部の環境も、ずいぶん改善されてきています。中国の北京や上海といった都市部では，PM2.5などの大気汚染が広がっていますが、日本では、大気汚染、騒音、河川の水質汚濁などに対する政策が効果を上げ，都市部の環境が改善してきたと見て間違いないでしょう。

また、ビル建築に対する考え方も大きく変わり、人工的につくられた緑地や公園が増えました。その典型が「公開空地（くうち）」です。これは私有地にビルやマンションを建設する場合、一般に開放するスペースのことです。

写真は品川の公開空地ですが、周囲には高層ビル群が見えます。土地の所有者はこうしたスペースを確保すれば、都市計画で定められた建築物に関する制限を超えて建物をつくることができます。公開空地があれば、ビルの容積率（延床面積／敷地面積）を上げることができますし、高さ制限も緩和されます。

たとえば，法律にもとづいて指定容積率が800%であったとしましょう。このとき、所有地が300㎡であれば、床面積が2,400㎡になるまで建物をつくれます。公開空地をつくれば、容積率は800%よりさらに大きくなりますから、より大きな建築物をつくり、土地を有効に利用できるわけです。また、空地がオフィス街にあれば、休日には閑古鳥が鳴いていた都心部ににぎわいもできます。

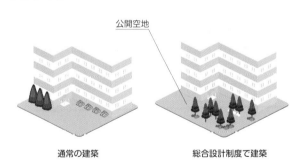

公開空地

通常の建築　　　　　総合設計制度で建築

公開空地の先駆けは1970年代に日本初の超高層ビル街となった東京の西新宿エリア。1974年竣工の新宿三井ビルには「55HIROBA（55広場）」と名付けられた公開空地がある。

グーグルストリートビューで見る東京駅前広場

●地価の意味

都心部の物価は他の地域と比べると，高いように思われます。喫茶店のコーヒー1杯でさえ、そう感じることもあるでしょう。なぜ、都心部のコーヒーは高いのでしょうか。よくいわれるのは、「土地代（地価）が高いから」というものです。また、大都市ほど土地代が高いことも想像がつくでしょう。けれども、この考え方は原因と結果が反対になっています。

地価は結果であり、地価が高くなるのは、「もし、そこでお店やオフィスをつくれば、大きな利益を得られるから」なのです。

たとえば、ある人が土地をもっていてお店を開けば利益を得られたのに、何もしなければ利益は0円です。この差額を機会費用といいます。一定期間の土地の機会費用を合計したものが、地価になるわけです。都心部の喫茶店のコーヒーは高くても飲む人がいるため、その利益は郊外の喫茶店に比べて多く、機会費用も多くなります。それが地価に反映されて高くなっているのです。

また、容積率を緩和すれば、入居するオフィスや商店の数が増えますから、その土地が産み出す収益は大きくなり、地価の上昇に結びつきます。

現在のJR東京駅が改築を経て開業したのは2013年ですが、このとき「空中権」という用語がマスコミをにぎわせました。JR東日本は東京駅を高層ビルにしてもっと利益を得ることができ

空中権とは離れた場所への容積率の移転のことで、2000年の法改正によって実施可能になった。東京駅の場合、丸の内駅舎の敷地など約2.5haが自治体によって指定された対象地区で、低層にとどめた東京駅の余った空中権を、新丸の内ビルディングなど6つのビルに売却した。新丸ビルは本来なら30階建てまでだが、空中権の利用で38階建てになった。

たのですが、あえて低層にし、その空間を周辺のビル所有者に売却したのです。JRにとっては機会費用をかけた分、建築費用を捻出できたわけです。このようなことができたのは大手町・丸の内・有楽町地区が都市計画法の特例容積率適用地区に指定されていることによります。

地価に影響を与えるのが用途です。住宅地にしか利用できない土地と商業用にも利用できる土地を比べると、一般的に後者の価格が高くなります

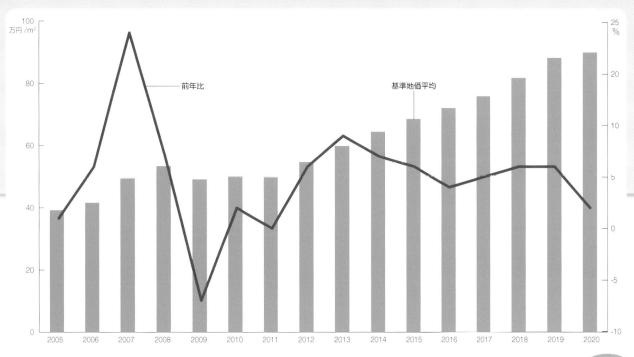

図 97-1　武蔵小杉駅周辺の基準地価の推移
　武蔵小杉の平均土地地価は、武蔵小杉駅周辺、神奈川県川崎市中原区小杉町、小杉陣殿町、今片南町、新丸子東2、新丸子東3の地価から算出　出典：Land Price Japan「土地代データ」
https://tochidai.info/area/musashi-kosugi/

●新駅の整備と地価

　さて，神奈川県川崎市のJR武蔵小杉駅周辺はこの2010年代に入って大きく変わってきました。同駅はもともと、東急東横線とJR南武線の駅としてありました。そこに横須賀線の乗り入れが実現し、JR横須賀線の新川崎駅と西大井駅の中間に2010年に完成した駅として現在のかたちになりました。開業後、横須賀線を抱えるJR東日本の乗降人員数がおよそ5万人増加しましたが、東急電鉄の乗降人員は反対に約1.5万人減少しました。

　乗降人員が増えれば、商業の売上げも多くなり、それが地価に反映されます。それを見越して2007年には、武蔵小杉駅周辺の基準地価がおよそ18％上昇しました（図97-1）。東横線、南武線にもその効果がおよび、川崎市内の沿線だけではなく、横浜市内の東横線でも約3％、市営地下鉄でも約5％上昇しました。これは横浜線が南武線や市営地下鉄との代替関係にあることを示唆しています。その後、武蔵小杉駅周辺の地価は一時的に下がりましたが、再び上昇しました。他方、横浜線沿線では地価が4％低下しました。

参考文献：久米仁志「都市鉄道の新駅設置が周辺地域に与える影響に関する研究」政策研究大学院大学修士論文、2013年

考えてみよう

都心回帰

　東京23区では、2000年頃から人口が増加し、2010年から15年にかけ32万7000人増加しています。2000年前後のデフレ下の地価や物価の下落と耐震にも配慮した高層ビルの建設により、家賃や分譲価格が低下したことが1つの要因です。また、20代から40代の若い年齢層の増加が約70万人となっていることから，若い世代の便利さを好む生活スタイル、女性の社会進出、女性の高学歴化、年収の増加、未婚率の増加が影響しているといえるでしょう。

　"新四畳半暮らし"というライフスタイルは、スマホとコンビニだけで十分生活できる若者の住環境を表したキーワードです。そうした中で、都心ではベビーブームが起こっています。2005年には1.26まで低下した特殊合計出生率は、2015年には概ね回復し、中央区では1.43、港区では1.44となっています。高学歴、高年収という結婚しやすく、子どもをつくりやすい人が他県から転入してきたこともその要因といえます。また、外国人も1982年の約10万人から、2016年には約38万人と増加しています。しかも、外国人は20代が中心です。この現象を"ドーナツ化"から"あんパン化"という人もいます。

＜参考文献＞三浦展「東京郊外の生存競争が始まった！」（光文社新書）

関東地方

▶ 江戸幕府が開かれる以前、関東平野には現在よりも多くの川が
複雑な流路を形成し、洪水も頻発していました。

Q1 関東圏に首都機能が集中している要因として、どのようなことが考えられるでしょうか

●首都圏の発展と河川の改修

首都圏への人口や産業の集積要因には、関東平野という広大な可住地（人が住むことができる土地）があること、河川が多く、生活用水や農業や工業のための産業用水が豊富なこと、生産や交易の場として利用できる海に面していることなどがあります。

こうした現在の地理的に優位な要因は、どのように形成されたのでしょうか。

関東平野は、江戸幕府が開かれる以前、現在よりも多くの川が複雑な流路を形成し、洪水が頻発していました。くわえて、河川に開削されていなかった隆起地形や複数の河川によって形成された低地があり、可住地の面積も米の耕作面積も、今より小さかったのです。

そこで江戸幕府は河川の治水と利水を重視し、さまざまな土木工事を行いました。

その代表例が「利根川東遷事業」です。現在の利根川は関東平野を横切るようにして太平洋に流れ込んでいますが、もともとは東京湾に流れ込んでいました（図98-1）。それを60年の歳月をかけて1654年には太平洋に流れるようにしました（図98-2）。

しかし，この東遷事業により今度は利根川下流域では洪水が増えたため、葛西用水路が造られま

江戸時代の利根川東遷事業

図 98-1　東遷前の利根川

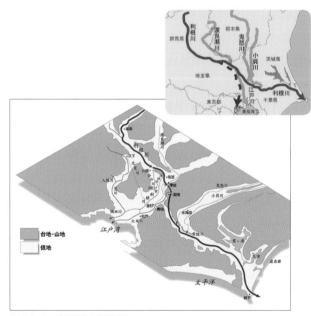

図 98-2　東遷後の利根川

出典：国土交通省および国土交通省関東地方整備局ホームページ

した。

また、その後も関東各地の水害は収まらず、鬼怒川、江戸川、荒川の改修をはじめ、堤、用水路、

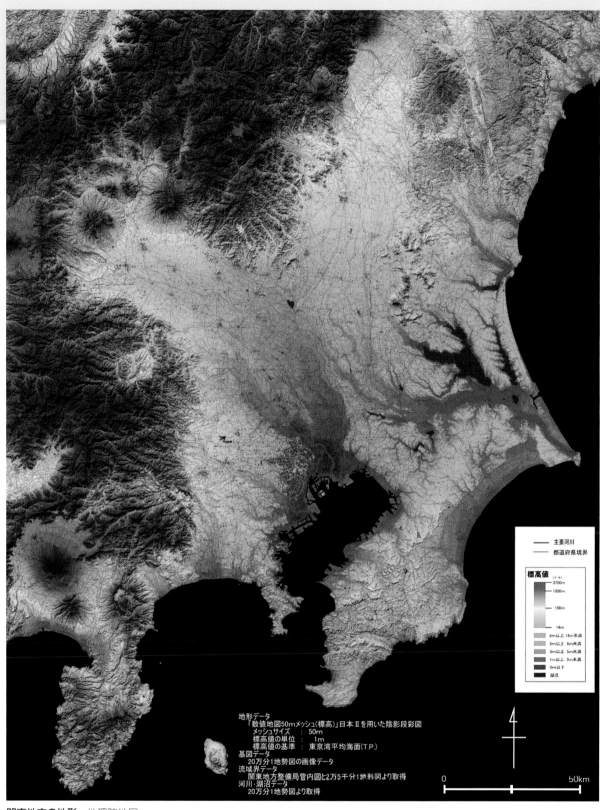

関東地方の地形　地理院地図
　関東平野と利根川や荒川，多摩川などの水系にも恵まれ，可住地域が広くなっています。

地形データ
　「数値地図50mメッシュ（標高）」日本Ⅱを用いた陰影段彩図
　メッシュサイズ　：　50m
　標高値の単位　：　1m
　標高値の基準　：　東京湾平均海面(T.P.)
基図データ
　20万分1地勢図の画像データ
流域界データ
　関東地方整備局管内図と2万5千分1地形図より取得
河川・湖沼データ
　20万分1地勢図より取得

放水路が建設されました。生産力強化という点で
は新田開発のための干拓、物資輸送のための運河

開削など利水という点からも土木工事は続けられ
ました（図100-2）。

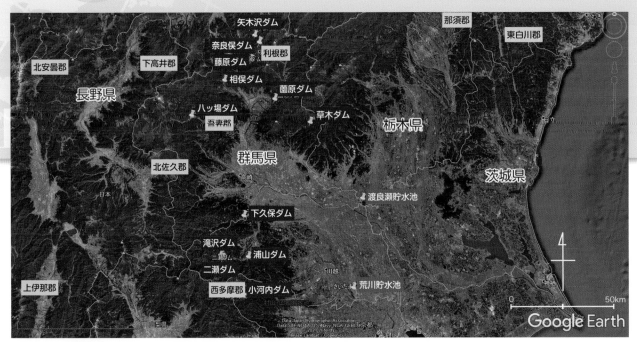
図 100-1　関東地方の水源として整備されているダムと貯水池

江戸時代以降の代表的な河川事業は、1919 年に完成した江戸川放水路、1930 年に完成した荒川放水路であり、現在ではいずれも人工水路が本流となっています。これらの工事も、梅雨や台風によって関東地方に大きな被害をもたらしたことが契機でした。このように、関東平野に人口や産業が集中する以前には、防災の観点から長年にわたり治水工事に取り組む先人たちの努力がありました。現在も国は河川やダムの整備事業を続けており、利根川水系で 9 ヵ所、荒川水系に 4 ヵ所、多摩川水系で 1 ヵ所のダムと貯水池を管理しています（図 100-1）。

●今も続く関東地方の治水事業

2015 年 9 月には，関東地方北部の豪雨により増水した鬼怒川の堤防が決壊し、建物への被害だけではなく、死者も発生しました。自然災害は毎年起こるとは限りませんが、被害は広域におよびます。一度生活が破壊されてしまうと、そう簡単に元には戻らないのです。

たとえば、図 101-1 は荒川の決壊時に想定される被害の範囲を示していますが、東京 23 区でも東部を中心に広範囲の浸水が予想されています。発生する損害は莫大です。そのため、防災や減災の観点から、河川整備は欠かせないのです。

1590 年	徳川家康が関東に国替え
1594 年	新郷（現・羽生市）で会の川の締切工事
1596〜1615 年	備前堤築造で綾瀬川と荒川が切り離される
1621 年	東遷事業の開始。浅間川の締め切りと新川通の開削、権現堂川の拡幅が行われ、利根川と渡良瀬川が合流。赤堀川の掘削も開始
1654 年	赤堀川が通水。銚子→常陸川・赤堀川→権現堂川・江戸川→江戸へのルートが成立。利根川東遷の暫定完成
1665 年	権現堂川・江戸川と赤堀川・常陸川をつなぐ逆川を開削
1783 年	浅間山の大噴火で火砕流と火砕泥流が発生。吾妻川と利根川が氾濫、死者 1,000 人超
1809 年	赤堀川拡幅工事
1838 年	合の川・浅間川が廃川となる
1871 年	赤堀川拡幅工事。利根川の水のほとんどは常陸川へ流れるようになる
1928 年	権現川が廃川となり、かつての赤堀川・常陸川筋が完全に利根川の本流となった

表 100-2　利根川治水の歴史

都市の発展に、河川の治水や利水がどれほど重要か考えてみましょう。

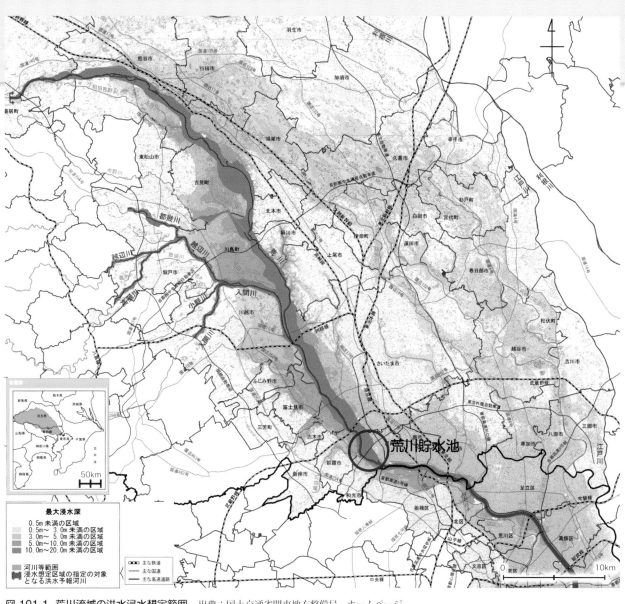

図 101-1　荒川流域の洪水浸水想定範囲　出典：国土交通省関東地方整備局　ホームページ

平常時の彩湖を含む荒川調整池のようす
出典：国土交通省関東地方整備局より提供

洪水時の荒川調整池　出典：戸田市情報ポータルサイト

図102-1 荒川第一調整池　標準断面イメージ

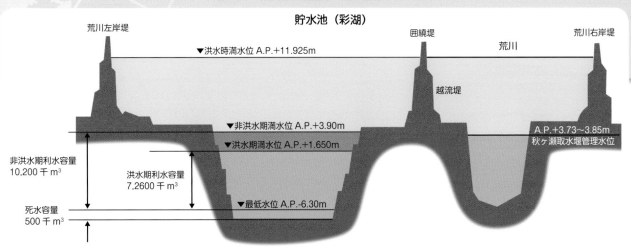

貯水池（彩湖）

荒川左岸堤
▼洪水時満水位 A.P.+11.925m
囲繞堤
荒川
荒川右岸堤
越流堤
▼非洪水期満水位 A.P.+3.90m
A.P.+3.73〜3.85m
秋ヶ瀬取水堰管理水位
▼洪水期満水位 A.P.+1.650m
非洪水期利水容量
10,200千m³
洪水期利水容量
7,2600千m³
▼最低水位 A.P.-6.30m
死水容量
500千m³

出典：国土交通省関東整備局
荒川上流河川事務所ホームページ

Q2 水にはどんな性質があるのでしょうか。改めて確かめてみましょう。

●人口増加と渇水

　さて、私たちが何気なく飲んでいる水ですが、どのような性質をもつのかを考えてみましょう。

　大雨で洪水被害がある地域もあれば、渇水に悩む地域があります。単純に考えると水の不足している地域に，水があふれている地域から融通できれば、砂漠の緑化や洪水の調節もそれほど難しいことではなかったでしょう。ところが、かさばる水を質量を減らすことなく輸送するには特殊な施設や器具に対する膨大な投資が必要です。渇水時に給水車を見ることがありますが、日常的に利用するわけにはいきません。

　ライフラインとしての水を安定的に供給するための努力が続けられてきましたが、高度成長期に人口や企業が東京に集中して水への需要が増えると、渇水が頻繁に起こるようになりました。

　前回の東京オリンピックが開催された1964年、首都圏は深刻な渇水に見舞われていました。水泳競技用のプールの水がないとさえいわれまし

た。当時の東京水道は水源の多くを多摩川に頼っていたのですが、荒川を介して利根川からの取水を目的とした武蔵水路の工事が計画され、1965年に完成しました。この渇水を契機に、ダムや浄水場が建設され利根川の利水が進むようになり、こんにち、武蔵水路は東京都と埼玉県の水源となっています。

　図102-2は、高度成長が終わりを告げようとしていた1970年代以降の利根川における取水制限の日数を示しています。渇水になると取水制限などの措置がとられ、1994年と96年にはプールの使用停止、高台の出水不良といった問題に耳目が集まりました。

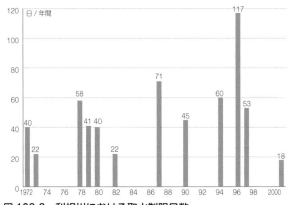

図102-2　利根川における取水制限日数

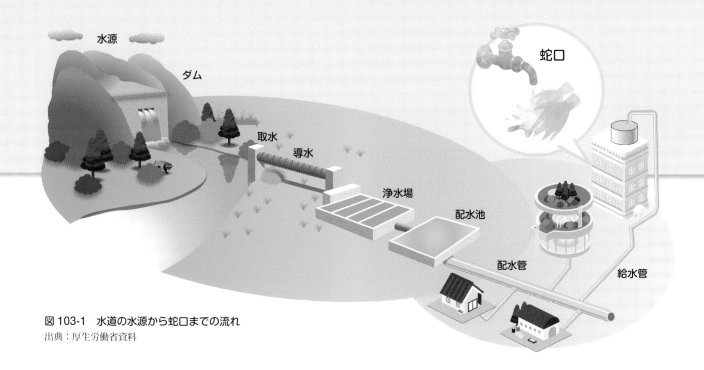

図103-1　水道の水源から蛇口までの流れ
出典：厚生労働省資料

●水道とは

ペットボトルには銘水であることが謳（うた）われ、各地で地方の名水を飲むことができます。これは量産によるペットボトル容器の価格低下と輸送手段やインフラの整備があって可能になったのです。

とはいえ、ペットボトルだけで日常の水をまかなえば、各家庭には水道料金に比べて数倍のコストがのしかかってきます。

日本に暮らす私たちには，水道の蛇口をひねれば飲料水が豊富にでてくることが当たり前ですが，これは世界の常識ではありません。海外旅行に行った人は、水道水が飲用に適さず、ペットボトルをたくさん購入したという経験があるでしょう。日本の水は軟水といって飲用に適する性質をもっていますが、それに加えて飲料にするためにさまざまな技術が加わっています。

図103-1は水源から蛇口までのイメージを書いたものです。そもそも水道とは、法律で「導管及びその他の工作物により、水を人の飲用に適する水として供給する施設の総体（臨時に施設されたものを除く）」（水道法第3条第1項）と定義されます。

水道は現状では市町村が提供する生活基盤（インフラ）ですが、水源は多様です。水源から離れるほど配水管が長くなり、水の需要をまかなうた

めに他の市町村から水を購入するケースもあります。たとえば、人口密集地を貫流する江戸川も東京の水源ですが、飲用にするためには濾過（ろか）をはじめ浄化にはコストがかかります。他方、富士山の湧水が豊富な富士宮市の発展の基礎は工業用水を大量に必要とする製紙、パルプ工業でしたが、工場が立地した主な要因は廉価な水でした。これが飲用水の水源ともなります。

水道の施設の建設や維持のためにはコストがかかります。水道水のサービス受益者はその地域の住民ですから、水道料金を徴収して長期にわたって少しずつコストを回収するしくみになっています。そのため、コストがかかる水道をもつ市町村の水道料金は高く、水源が豊富で容易に水を供給できる市町村の水道料金は安いのです（図66-1参照）。近年では、日本の水道技術は発展途上国に輸出されています。たとえば、北九州市の水道技術はミャンマーのマンダレー市で利用されています。

以上のように、水には水害から人々を守る「治水」と水道や水運のように「利水」という2つの側面があります。

参考文献：（1）稲崎富士・太田陽子・丸山茂徳（2014）「400年を越えて続いた日本史上最大最長の土木事業」『地学雑誌』第123巻第4号
（2）国土交通省関東地方整備局資料

関東地方

「地理写真」を撮ってみよう（神奈川県）

地域の様子は気候や地形などの自然環境と関わりながら、人々の営みによってつくられた景観から理解できます。その景観を記録するには、写真を撮ることが望ましいです。現在ではデジタルカメラが普及し、誰もが手軽に利用・保存・加工ができます。それでは、「地理写真」の撮影ポイントを示してみましょう。

図104-1は、横浜マリンタワーから北東方向へ横浜みなとみらい21を遠望したものです。三日月状の高層ビルはヨコハマ・グランド・インターコンチネンタルホテル（1991年完成）で、周辺は1889（明治22）年に築かれた横浜船渠を中心とする港湾地区が1980年代から整備された再開発地区の一部です。レンガの建物が写る右方は、1910年代に創られた新港埠頭の再開発地区で、2002（平成14）年にショッピングモールを中心とする観光施設にかわっています。

写真の左手前には屈曲した堤防が写っています。「象の鼻」と呼ばれるこの建造物は、大型貨客船から荷物の積み替え時に使う小型の艀を波浪から防御する堤防です。現在、これは歴史的建築物として保全されています（図104-1、図105-1、図105-2）。

また、この写真の反対方向（南西方向）には中華街が位置しています。江戸時代末期の1866年以降、横浜新田跡に開発された中華街では、周辺地域と地割方向が異なっています。このことは、現在の地理院地図（図105-1）と当時の絵図（図105-2）との比較によって理解しやすくなります。このように開発以前の様子を知るには、古地図や古写真の発見とその比較が便利です。さらに、今後も同じアングル（構図）から地理写真の撮影を継続、いわゆる定点観察をすると地域の変化が手にとるようにわかります。

地理写真は、このような広域的な視覚・マクロスケールからのアプローチだけでありません。ミクロスケールで観察すると、その対象物の様子が読み取りやすくなります。1859年の開港により、横浜の一部に外国人の居留が許され、元町では、彼らを顧客

図104-1　横浜マリンタワーから見た横浜みなとみらい
出典：横浜風景写真素材集『はまの景』

とするさまざまな商店が開業しました。パン屋、クリーニング店や家具店などは代表的なもので、現在でも同業の店舗が多くあります。そして外国人にとどまらず、やがて日本人もペットを連れてショッピングを楽しむにあたって、愛犬の給水施設「ペットバー」まで設けられるようになっています。

ところで図104-2を見ると、奥（右）から手前（左）方向に向かって、緩やかに道路が下っている様子がわかります。これは、元町の最東端部（写真右）が砂州上に位置し、南方はラグーン（潟湖）跡の開発地であるため低地になっているからです。

実際に歩いてみると、緩やかな下り坂になっていることがわかります。このように、ミクロスケールでの地理写真からは、人びとの生活の様子や微地形を知ることができるのです。

図104-2　奥から手前に緩やかな坂道になっている

撮影：河原典史

古地図との比較で見えてくる街の変化

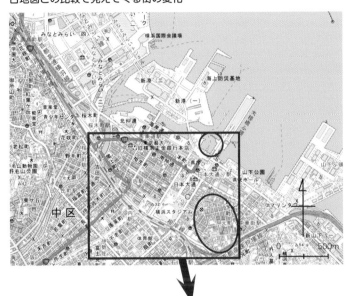

図 105-1
現在の元町・中華街周辺
（地理院地図）

上は、図 105-2　1891（明治 24）に描かれた「横浜真景一覧図絵」の一部
出典：横浜市立図書館デジタルアーカイブ

③ 工業の発展と海運・港湾

▶ 戦後の高度経済成長には、鉄鋼、自動車、石油化学製品をはじめとする製造業の生産力の拡大が寄与しました。これらの工場は原材料の輸入が便利なように、主に太平洋岸に建てられました。

図106-1　鹿島港とその周辺の変化　左上：「常陸鹿島」（1967年測量、1968年発行　1：25000 地形図）左下：「神栖」（1967年測量、1968年発行　1：25000 地形図図名「笹川」）右上：「常陸鹿島」（2014年測量、2015年発行　1：25000 地形図）左下：「神栖」（2014年測量、2015年発行　1：25000 地形図）

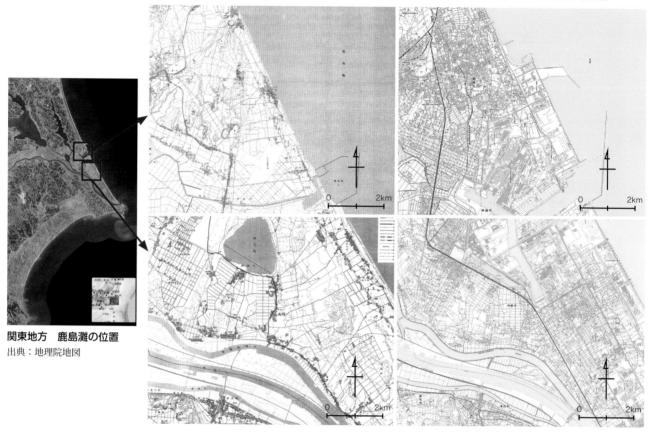

関東地方　鹿島灘の位置
出典：地理院地図

Q1　日本の経済成長について，港湾の整備という観点から考えてみましょう。

●日本の高度経済成長

日本の国土面積は37.8万km²でアメリカの25分の1にすぎません。埋蔵地下資源も，種類は豊富なのですが量が少ないのです。こうした賦与された条件はきわめて厳しいにもかかわらず、日本経済は急速に成長し、先進国になりました。

1940年の日本のGDPは2,018億ドルで、当時のインドの2,068億ドルを下回っていました。また、第二次世界大戦が終わった1945年の1人当たりGDPはアメリカの10分の1にすぎませんでした。現在、日本の名目GDPはアメリカ、中国についで世界第3位になっています。

●「加工貿易」の時代

日本の戦後の高度経済成長には、鉄鋼、自動車、石油化学製品をはじめとする製造業の生産力の拡大が寄与しました。こうした産業の製品を生産する工場は原材料の輸入が便利なように、主に太平

鹿島港全景
出典：鹿島港湾・空港整備
事務所フォトライブラリー

洋岸に集積しています。これは、日本の地下資源が乏しいため、企業は世界から原材料を調達しなければならず、また生産されるのも「重厚長大」といわれ、重くてかさばる製品だったからです。しかし、このような要素は一見すると日本企業にとって不利なのですが、結果的に企業の国際競争力を強めることになりました。工業の集積している地域に港湾があるのはそのせいです。京浜工業地帯には横浜港、川崎港、東京港というように多くの港湾があることからも想像がつくでしょう。

　輸出入に適した港湾がない後発の工業地域には、人工的に港湾が建設されました。その1つが鹿島臨海工業地域にある鹿島港です（鹿島港といいながら行政区域としては神栖市にあります）。

　図106-1は鹿島港とその後背地を示しています。こうした港湾を掘り込み式港湾といい、かなりの水深を確保しています。船舶は大きくなるほど、また、たくさん貨物を積むほど船体が沈むため、港湾には水深が必要です。こうして大型タンカーが直接工場に乗り入れ、できるだけ船の積み替えを少なくしました。積み替えには機械を使った荷役が必要であり、それだけコストがかかることになり、とりわけ、外洋を移動する船舶に比べ輸送距離の短い内航海運では、積み替え時間＝コストが相対的に大きくなります。そのコストを削減したのです。

　さまざまな関連工場を1か所に集めたコンビナートの構築も、集積することで輸送費を最小化するための工夫でした。そして水運を使って効率的な生産が管理されていたのです。日本の工業発展の背後にはこのような工夫がありました。

ヘッドランド

　茨城県南部の鹿島灘海岸には、船のイカリのような突起がいくつも見られます。これらはヘッドランドと呼ばれる人工岬です。

　そもそも、この地には土砂災害対策として砂防ダムが設置されていましたが、川から海への土砂の供給が減り、海浸によって砂浜が削られるようになってしまいました。そこで海岸の土砂の移動を抑制し、美しい砂浜を守るために建設されたのがヘッドランドです。鹿島灘海岸にはこのヘッドランドが全部で33基、設置されています。海岸から垂直に伸びる突起部が150m、先端が横幅100mにもなります。しかし、ヘッドランド周辺では海岸から沖へ向かう離岸流が発生しやすくなっていて、巻き込まれると流れに逆らって泳ぐことは難しく、溺れてしまう危険性があります。遊泳するときは注意が必要です。

〈参考資料〉茨城海上保安部ホームページ

鹿島灘海岸のヘッドランド

関東地方

東北 地方

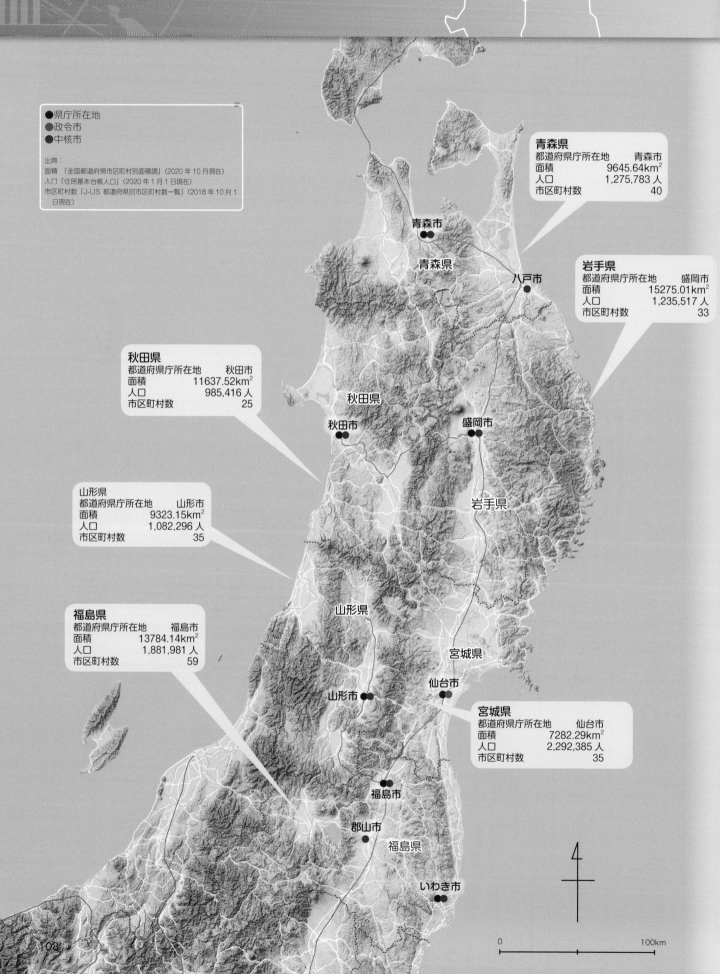

● 県庁所在地
● 政令市
● 中核市

出典：
面積 「全国都道府県市区町村別面積調」 (2020 年 10 月現在)
人口 「住民基本台帳人口」 (2020 年 1 月 1 日現在)
市区町村数 「J-LIS 都道府県別市区町村数一覧」 (2018 年 10 月 1
日現在)

青森県
都道府県庁所在地　　　青森市
面積　　　　9645.64km²
人口　　　1,275,783 人
市区町村数　　　　　　40

岩手県
都道府県庁所在地　　　盛岡市
面積　　　15275.01km²
人口　　　1,235,517 人
市区町村数　　　　　　33

秋田県
都道府県庁所在地　　　秋田市
面積　　　11637.52km²
人口　　　　985,416 人
市区町村数　　　　　　25

山形県
都道府県庁所在地　　　山形市
面積　　　　9323.15km²
人口　　　1,082,296 人
市区町村数　　　　　　35

福島県
都道府県庁所在地　　　福島市
面積　　　13784.14km²
人口　　　1,881,981 人
市区町村数　　　　　　59

宮城県
都道府県庁所在地　　　仙台市
面積　　　　7282.29km²
人口　　　2,292,385 人
市区町村数　　　　　　35

青森市
青森県
八戸市
秋田県
秋田市
盛岡市
盛岡市
岩手県
山形県
宮城県
仙台市
山形市
福島市
郡山市
福島県
いわき市

0　　　　　　　　100km

本章では、2つの城下町の読図とともに、東日本大震災を事例に公共財を取り上げます。
酒田と鶴岡の地図から城下町の特徴とその後の変化を読み取りましょう。
また、震災で活躍した空港から、公共財の意味を理解してください。

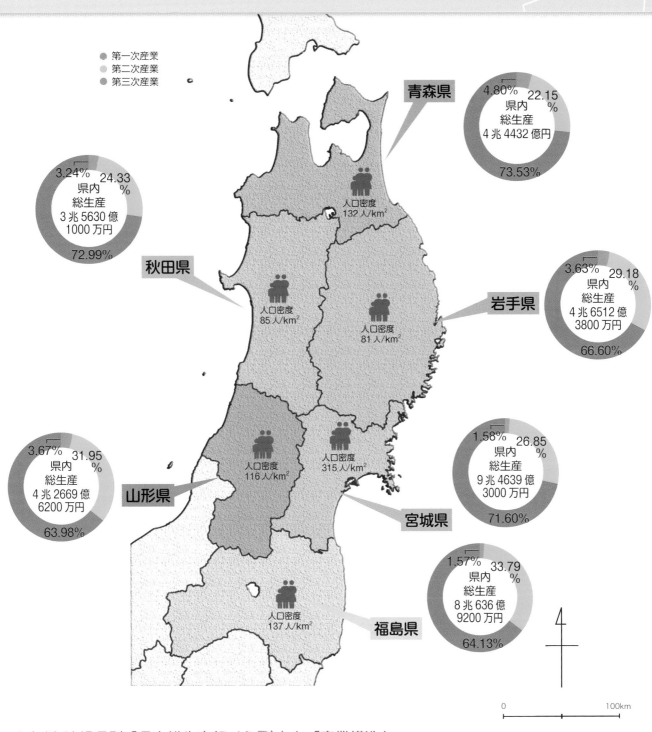

- 第一次産業
- 第二次産業
- 第三次産業

青森県
4.80% 22.15%
県内
総生産
4兆4432億円
73.53%

秋田県
3.24% 24.33%
県内
総生産
3兆5630億
1000万円
72.99%
人口密度
85人/km²

岩手県
3.63% 29.18%
県内
総生産
4兆6512億
3800万円
66.60%

人口密度
132人/km²

人口密度
81人/km²

山形県
3.67% 31.95%
県内
総生産
4兆2669億
6200万円
63.98%

宮城県
1.58% 26.85%
県内
総生産
9兆4639億
3000万円
71.60%
人口密度
116人/km²
人口密度
315人/km²

福島県
1.57% 33.79%
県内
総生産
8兆636億
9200万円
64.13%
人口密度
137人/km²

0　　　　　100km

●九州・沖縄県別「県内総生産額（名目）」と「産業構造」　出典:県民経済計算（平成29／2017年度）

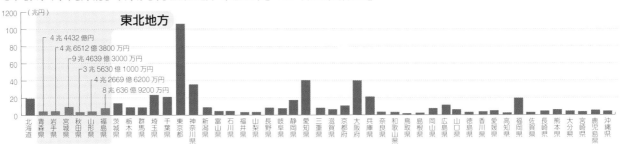

東北地方

(兆円)
1200
100
80
4兆4432億円
4兆6512億3800万円
60
9兆4639億3000万円
40
3兆5630億1000万円
4兆2669億6200万円
20
8兆636億9200万円

北海道 青森県 岩手県 宮城県 秋田県 山形県 福島県 茨城県 栃木県 群馬県 埼玉県 千葉県 東京都 神奈川県 新潟県 富山県 石川県 福井県 山梨県 長野県 岐阜県 静岡県 愛知県 三重県 滋賀県 京都府 大阪府 兵庫県 奈良県 和歌山県 鳥取県 島根県 岡山県 広島県 山口県 徳島県 香川県 愛媛県 高知県 福岡県 佐賀県 長崎県 熊本県 大分県 宮崎県 鹿児島県 沖縄県

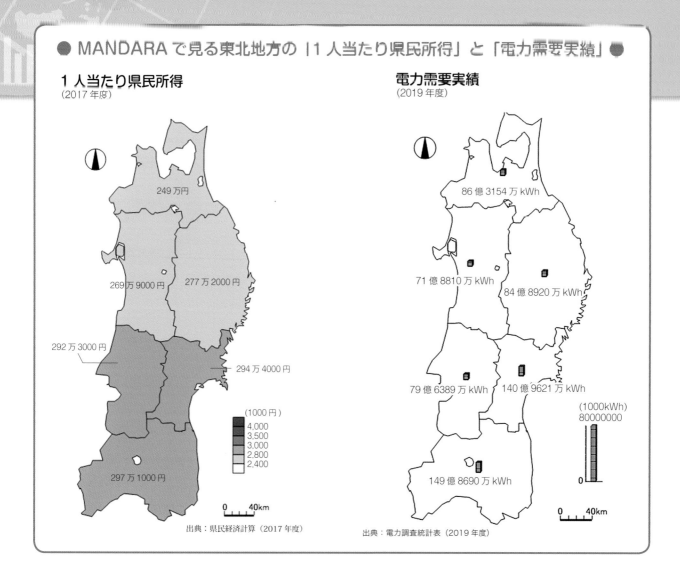

● MANDARAで見る東北地方の「1人当たり県民所得」と「電力需要実績」●

1人当たり県民所得
（2017年度）

249万円

269万9000円

277万2000円

292万3000円

294万4000円

297万1000円

（1000円）
4,000
3,500
3,000
2,800
2,400

0 40km

出典：県民経済計算（2017年度）

電力需要実績
（2019年度）

86億3154万kWh

71億8810万kWh

84億8920万kWh

79億6389万kWh

140億9621万kWh

149億8690万kWh

（1000kWh）
80000000

0

0 40km

出典：電力調査統計表（2019年度）

●東北地方各県の人口と高齢化率の推移

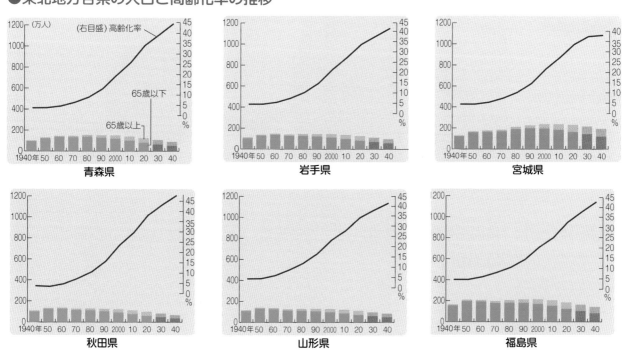

青森県

岩手県

宮城県

秋田県

山形県

福島県

出典：国勢調査および2030、2040年は人口問題研究所の「日本の地域別将来推計人口（平成30年推計）」

地域のようすを見てみよう ▶ 東北地方の降水量と湿度・気温（クライモグラフ） ◀

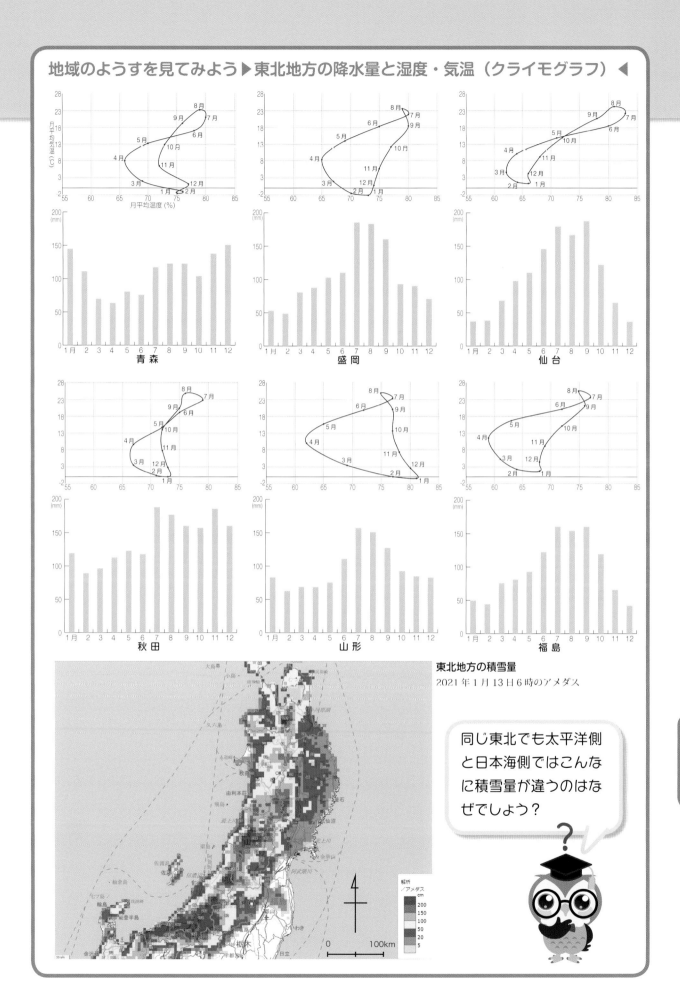

東北地方の積雪量
2021年1月13日6時のアメダス

同じ東北でも太平洋側と日本海側ではこんなに積雪量が違うのはなぜでしょう？

東北地方

111

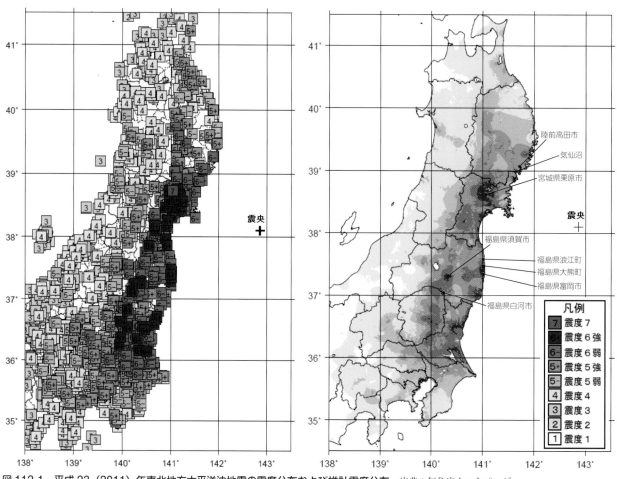

図112-1　平成23（2011）年東北地方太平洋沖地震の震度分布および推計震度分布　　出典：気象庁ホームページ

地震規模等
　　マグニチュード　　　　9.0
　　最大震度　　　　　震度7（宮城県栗原市）
　　福島県内の震度
震度6強
　　（須賀川市，白河市，富岡町，大熊町，浪江町等）
震度6弱
　　（玉川村，福島市，郡山市，いわき市，西郷村等）

福島県内被害状況
　人的被害　死者1,690名，
　　　　　　行方不明279名，重軽傷者236名
　住家被害　全壊15,767棟，半壊26,208棟
　非住家　　公共建物1,015棟，
　　　　　　その他13,990棟
避難の状況
　避難指示77,374名，避難勧告7名，
　自主避難等7,215名
　　合計84,596名（内県外避難35,844名）
出典：2011.6.27現在、福島県災害対策本部発表から抜粋

陸前高田市の奇跡の一本松　　提供：陸前高田市

地震と私たちの生活について、地図や記録されている資料からあらためて考えてみましょう。

Q1 震災の状況を地図などから確認し、交通や通信などへの影響を見てみましょう。

●東北地方太平洋沖地震の発生

「平成23（2011年）年東北地方太平洋沖地震」いわゆる東日本大震災が，大規模な災害をもたらしたのは、広範囲の津波が生じたこと、そして、東京電力の原子力発電所の施設に回復できないほどのダメージを与えたことが大きな要因となっています。発電所の被災による停電や電力不足の影響で，生産施設の停止をはじめとするその後の大規模な関連災害は、全国的あるいは世界的な影響をもたらしました（図112-1）。

福島県から海岸線を北上すると、リアス式海岸で有名な三陸海岸に到達します（図113-1参照）。リアス式海岸には湾の入口が小さく、湾の奥に向かってさらに幅が狭まる港湾が多いのです。津波はもともと水深が浅くなると、より遠くに進もうとする力が働くのですが、リアス式海岸だとその力を逃がすところがなく、波の高さはさらに高くなります。

2021年の現在でも、福島県では懸命な復旧・除染作業が続いていますが、県面積の3％の範囲では、自宅に戻れない人もいます。また、中国や台湾は福島県産の農水産物の輸入を制限しています。また、パイロットが福島空港へのフライトを忌避したことが新聞で報じられたこともありました。このような風評被害をどのように克服していくかは、福島県だけではなく、日本の政策課題の1つでもあります。

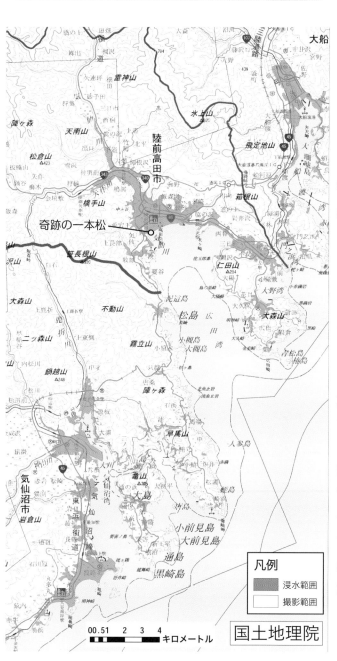

凡例	
	浸水範囲
	撮影範囲

国土地理院

図 113-1　10万分1 浸水範囲概況図
この浸水範囲概況図は、地震後に撮影した空中写真および観測された衛星画像を使用して、津波により浸水した範囲を判読した結果をとりまとめたもの。浸水のあった地域でも把握できていない部分がある。また、雲などにより浸水範囲が十分に判読できていないところもある。

東北地方

東北地方の空港には、いろいろな形態の空港があるのですね。

●地震と交通インフラ

地震は交通や交通インフラに大きな被害を与え、道路は寸断され、新幹線も運行を停止しました。人や物資の移動は制約を受け、車の燃料であるガソリンは、それ自体を輸送するトレーラーが福島県に入れず、供給が大幅に不足しました。人びとは移動手段を失い、避難したくてもその手段がないという状態になったのです。

交通インフラの中で最も早く機能を回復したのは、津波で被災した仙台空港以外の空港でした。避難者の出口となり、自衛隊などの救援隊を受け入れたのは、福島空港、山形空港やいわて花巻空港でした。

東北地方には、**図114-1**に示すように9つの空港があります。これらは、管理する団体がそれぞれ異なります。国管理空港は国（国土交通省）が設置（建設）・管理する空港、地方管理空港は地方自治体が設置・管理する空港、特定地方管理空港は国が設置して地方自治体が管理する空港です。そして、共用空港とは国（防衛省）か米軍が設置・管理する空港で、三沢空港（関東圏では茨城空港なども）がそれにあたります。

空港では飛行機の離発着できる運用時間に決まりがあります。震災時には、まず福島空港をはじめ3つの空港の運用時間が延長されました。そして、3月11日から5月13日の間、旅客や救援物資人員等の輸送に防災・報道ヘリなどが2,878回も離発着しました。とくに、3月12日から4月10日までには、のべ290便もの臨時旅客飛行機が運航されています。震災直後には1日あたりの利用者が、最大約2,800名あり、キャンセル待ちだけでなく、避難してき

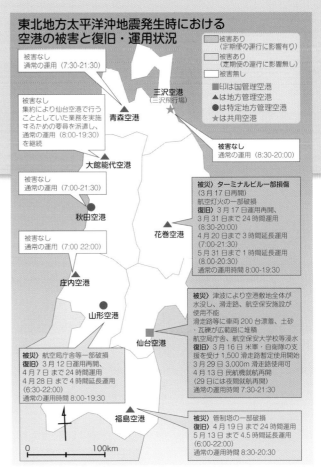

東北地方太平洋沖地震発生時における空港の被害と復旧・運用状況

凡例：
- □ 被害あり（定期便の運行に影響有り）
- □ 被害あり（定期便の運行に影響無し）
- □ 被害無し
- ■印は国管理空港
- ▲は地方管理空港
- ●は特定地方管理空港
- ★は共用空港

三沢空港（三沢飛行場）

青森空港：被害なし　通常の運用（7:30-21:30）

大館能代空港：被害なし　集約により仙台空港で行うこととしていた業務を実施するための要員を派遣し、通常の運用（8:00-19:30）を継続

（右上）被害なし　通常の運用（8:30-20:00）

秋田空港：被害なし　通常の運用（7:00-21:30）

庄内空港：被害なし　通常の運用（7:00 22:00）

花巻空港：
〈被災〉ターミナルビル一部損傷（3月17日再開）航空灯火の一部破損
〈復旧〉3月17日運用再開、3月31日まで24時間運用（8:30-20:00）
4月20日まで3時間延長運用（7:00-21:30）
5月31日まで1時間延長運用（8:00-20:30）
通常の運用時間 8:00-19:30

山形空港

仙台空港：
〈被災〉津波により空港敷地全体が水没し、滑走路、航空保安施設が使用不能
滑走路等に車両200台漂着、土砂・瓦礫が広範囲に堆積
航空局庁舎、航空保安大学校等浸水
〈復旧〉3月16日 米軍・自衛隊の支援を受け、1,500 滑走路暫定使用開始
3月29日 3,000m 滑走路使用可
4月13日 民航機就航再開
（29日には夜間就航再開）
通常の運用時間 7:30-21:30

（左下）〈被災〉航空局庁舎等一部破損
〈復旧〉3月12日運用再開、
4月7日まで24時間運用
4月28日まで4時間延長運用
（6:30-22:00）
通常の運用時間 8:00-19:30

福島空港：
〈被災〉管制塔の一部破損
〈復旧〉4月19日まで24時間運用
5月13日まで4.5時間延長運用
（6:00-22:00）
通常の運用時間 8:30-20:30

0　　100km

図114-1 出典：国土交通省航空局資料

た人を含めると最も多い日には、330名程度が空港ビル内にとどまったことがあったのです。

こうした運用の中、空港で最も不自由だったのは、水でした。震災後の3日間にわたって断水したため、水は給水車で空港まで運ばれ、上下水に使われました。トイレの水は空港職員がバケツで運んだほどでした。このような関係者の努力もあり、空港は災害における避難路の役割を果たしたのです。

●空港は公共財か

国や地方自治体は空港を設置・管理しています。この原資は、単純に税金だけではありません。空港を利用するのは航空旅客（飛行機に乗る人）や航空会社です。サービスを利用する受益者としての航空旅客が、空港に必要なお金を負担すべきという考え方にもとづいて、航空会社が着陸料、航行援助施設利用料（管制などのコスト）、航空機燃料税（積み込んだ燃料によって規定されている間接税）などを支払い、そこから空港の設置・管

図115-1 福島空港で救援物資を運ぶ自衛隊機（C-130）
出典：防衛庁ホームページ

		同時に消費できるか	
		×	○
誰もが利用できるか（料金を払わない人を排除できない）	× 有料 （高価格）	私的財 （首都圏の空港や 高速道路） 民間運営、利用者負担可	準公共財 （地方管理空港） 民間でも政府でも 可
	○ 無料 （低価格）	準公共財 民間でも政府でも可 価格政策による混雑解消	純粋公共財 （国防・警察など） 政府によって提供

表115-2 公共財の定義

理費が支出されます。つまり「受益者負担」となるわけです。利用する頻度があがれば負担額も大きくなるという特性があるため、その意味では公平に配慮した方法です。

空港の設置や管理のしくみについて，政府のお金が入っていることを説明しましたが，そもそも全空港が定義上、公共財とはいえません。表115-2に示すように、経済学では公共財を2つの基準から定めています。1つは、利用者が同時に消費できること（混雑せず利用できるか）、料金支払いを義務付けて利用が排除されないこと（誰もが利用できるか）です。

たとえば羽田空港や福岡空港は航空法で「混雑空港」と指定されており、航空会社は便数を増やしたくても増やせない状態です。つまり、利益を奪い合う競合状態となっており、公共財の条件を満たしません。また、無料で使えるわけではないので、2つの条件ともあてはまりません。これは私的財といえます。もっとも、使用料はとりながら、空いている空港もありますから、そのような空港は中間的位置づけの準公共財といわれます。

理論的に空港が私的財であれば、政府ではなく、民間が関与すべきではない、というのがいわゆる「民営化」の考え方です。ここには、コストのかかる空港整備がほぼ終わり、運営が中心になったという事情もあります。現実の制度は時代によって変わり、実際に経済学の定義通りにはなっていません。むしろ、私的財であるはずなのになぜ政府が関与しているのかを考え、社会にとって政府が関与しないほうがよいのであれば民営化すべきと判断し、そのうえで効率的なプロセスで民営化を進めるべきなのです。

●効率と公正を「空港」から考えてみましょう

利用者の少ない空港に税金を投入してまで維持する必要はないという意見があります。その代表が「赤字空港」という考え方です。費用が収入を上回る赤字空港は無駄だから、空港を閉鎖すべきであるという声は、震災前の福島県議会でも大きくなっていました。しかし、震災時に空港が避難路としての役割を果たしたこともあり、最近ではそのような意見は少なくなっているようです。

このような意見は効率と公正という視点から考えることができます。赤字は利用者（需要）が過小であるため、本来必要な費用（限界費用）をまかなえないということです。またもう1つ、サンクコスト（埋没費用）も考えるべきなのです。これは、廃港によって生じる，他に転用できないすべての財の廃棄コストが含まれます。たとえば、滑走路や格納庫などの設備やさまざまな機械、ターミナルビルにあるカウンターなどが使えなくなりますが、転売はできません。こうしたものが廃港のコストとなります。廃港のコストが低く、存続の利益が小さく、運営コストが大きければ、廃港にするのが妥当です。これは効率性にもとづく判断です。

他方、空港は住民の避難路や災害拠点として、具体的にはドクターヘリや緊急物資輸送用ヘリの拠点となりました。空港は整備されたオープンスペースなので、防災、減災のための安全装置ともなります。しかし、これらの機能は金銭的に計測することは不可能ですし、計測してもその数字が正確とはいえないでしょう。こうしたものは空港の維持管理に関する効率性評価ではなく、安全あるいは公正、公平にもとづく評価といえましょう。

東北地方

2 酒田と鶴岡

▶ 山形県庄内地方には、日本海に面する酒田市と内陸部に位置する鶴岡市という２つの都市があります。酒田が商業を中心に発展した商都であるのに対し、鶴岡は近世の城下町を起源としています。

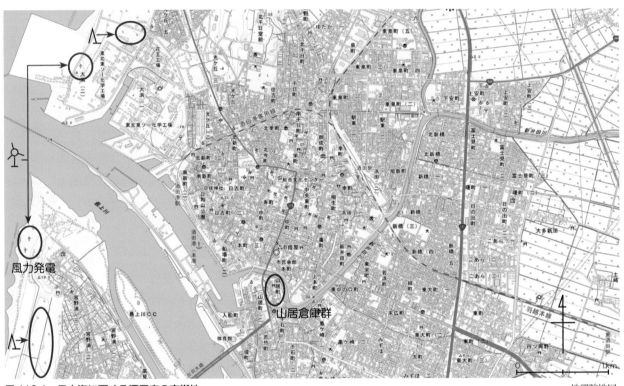

図116-1　日本海に面する酒田市の市街地

地理院地図

●酒田市が商業を中心に発展した理由を考えてみましょう

　山形県庄内地方の酒田市と鶴岡市は，人口はおよそ10万人とほぼ同じですが、それぞれの成り立ちは大きく異なります。酒田市が商業を中心に発展した商都であるのに対し、鶴岡は近世の城下町に起源をもつ都市です。まず、酒田市の地理院地図（図116-1）から現状を読み取ってみましょう。

　酒田港とそこに流れ込む最上川右岸に囲まれた地域に市街地があり、その背後に広大な水田が広がっています。この酒田港の存在が、市の発展の基礎となりました。

　酒田港は北前船の寄航地（図66-1参照）であり、庄内平野で収穫された米は船で、近畿・中国地方の各地へ輸送されました。米だけでなく京都

や大坂に山形の特産である紅花も運ばれ、復路にはモノだけでなく上方や京都の文化ももち込まれました。

　図116-1に示した山居倉庫は現在も使われている米倉庫群です。ここはNHK朝の連続ドラマ「おしん」（1983年）の撮影地にもなり、庄内地方有数の観光地として多くの観光客でにぎわっています（図117-1）。昔から重量のある米を運ぶには水運が最も安く効率的な輸送方法でした。そのため、海に注ぐ河川には物流の基地がありました。北前船の交易で富を築いた本間家は、代々伝わるひな人形を飾る美術館をもち、そこを訪れると往時をしのぶことができます。

　港湾は、単に船着き場があればよいというものではありません。なぜなら、港湾に着岸した船から貨物を運びだしたり、船に貨物を積み込む必要

図117-1　昔ながらの景観を残す山居倉庫群（酒田市）
出典：山形県公式観光サイト　やまがたへの旅

図117-2　鳥海山を望む沿岸に風力発電の風車が立ち並ぶ

があるからです。地形図では、酒田港の背後に鉄道がＹ字型に敷設されており、鉄道の西（左）側は港湾専用線（引き込み線）であることが読み取れます。その先には化学工場があり、原材料や製品が鉄道貨物として運ばれるのでしょう。このように港湾の機能は、鉄道や道路といった背後の交通インフラがあってこそ発揮できるのです。

　また、最上川右岸や左岸の河口付近の海岸部には、針葉樹林の記号（∧）が見えます。これは、日本一の面積を誇る砂丘である庄内砂丘から、強い北西風によって宅地や水田に砂が飛んでくるのを防ぐ防砂林です。また、風車の記号（米）からは、この強風を利用した風力発電という生産活動がうかがえます。近年、風力発電の施設は港湾や丘陵地で見かけます（図117-2）。2011年の東北大震災で原子力発電所が被災し、地域に大きな被害がもたらされた結果、再生可能エネルギー施設が多くつくられるようになったのです。いわば副産物といえるでしょう。

山形県内の酒田・鶴岡と山形との間は、車で約2時間半。そのため、山形県は庄内地方（酒田・鶴岡）の行政組織として庄内支庁をおき、人びとの利便性を考慮し、地元の声を反映するように努めています。

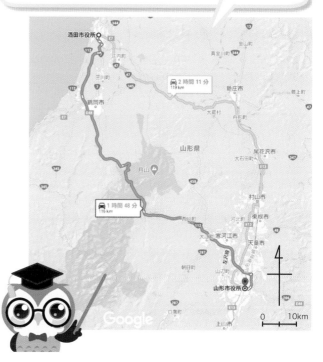

藩校致道館が左手にみえる、鶴ケ岡城址公園の一角

●鶴岡市の町並みから，城下町の名残を探してみましょう

　鶴岡は鶴ケ岡城の城下町であり、城郭自体は明治維新とともに取り壊され、街並みも戦後の整備によって大きく変わってしまいました。しかし、いくつかの点に城下町の面影が読み取れます。

　現在の鶴岡市中心部には、城の跡地である鶴ケ岡城址公園の付近に市役所をはじめとする行政機能が集中しています。南側には、庄内藩の藩校であった致道館の名前もみえます（図118-1）。

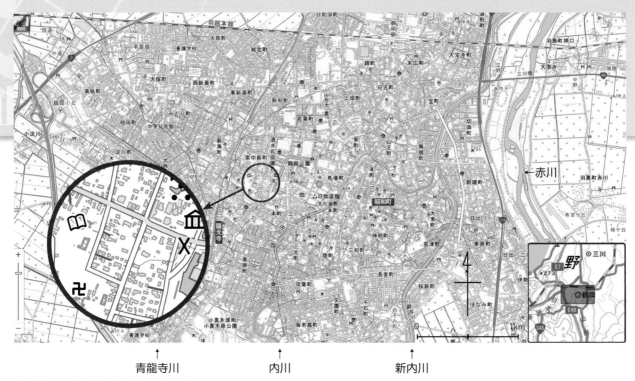

図 118-1 　鶴ケ岡市の市街地　地理院地図

いわゆる版籍奉還によって、藩の所有地が国や県へ移ったため、現在では公共施設が建ち並ぶのです。

何よりも、城下町の特徴としては，町自体が要塞となっていることがうかがえるのです。どのようなところにその痕跡があるのでしょうか。まず河川の位置です。地図には西側から青龍寺川、内川、鳥居町あたりで分岐する新内川、そして、内川の本流である赤川の４本の川があります。城は２つの河川に挟まれるような場所に建設され、東側を河川、背後を堀によって守られているのです。

次に、昭和町や陽光町あたりには、寺院が集中して建ち並んでいることがわかります。寺院は境内などが広く、オープンスペースとして火災などの延焼を防ぐとともに、城下町の外縁に配置され、外敵からの防御機能をもっていました。

そして、道路の形態も重要です。赤色の○印では道路がかぎ型に曲げられ、直進できないようになっています。これは、外敵が城に向かって直進できないようにする工夫です。また、道路の区画に規則性がないため、整理されている青龍寺川の左岸の整然とした区画とは対照的です。日本の都市の多くが城下町を起源としていますが、鶴岡の

ように、整備が進まず、城下町当時の区画がそのまま残った都市では、こうした規則性のない道路は交通渋滞の大きな理由となっています。

最後に、鉄道（JR 羽越本線）の位置を確認してみましょう。地図北側の東西を直線的に線路が貫き、都市の中心部からはかなり離れたところに鶴岡駅があります。このような形態になった理由として、次の２つの点が考えられます。鶴岡のような歴史のある都市では、鉄道敷設時には都市中心部に駅舎や線路建設のための空地がなかったこと、また、蒸気機関車時代の鉄道には煙害があったため、人口の希薄な都市縁辺部に駅がつくられたのです。今日ではその立地が幸いし、駅周辺に再開発が進む都市が多くなりました。しかし、鉄道駅周辺にさまざまな商業施設が集積する反面、都心部が寂れる都市も少なくありません。

山形県の県庁所在地は内陸部にある山形市です。山形市も旧城下町ですが日本海の恵みをうけてきた鶴岡とは味覚や言葉などの文化も異なります。江戸時代の藩はいわば国のような役割をもっていましたから、明治時代に１つの県になっても、それぞれの文化が継承されているのです。

久保田城跡から望む
秋田駅（秋田県）

現在、千秋公園に復元されている久保田城は、1603（慶長8）年に築城が始まりました。初代藩主・佐竹義宣の入城後も、城普請は続けられ、完成したのは1631（寛永8）年頃といわれています。1869（明治2）年の版籍奉還で、城地は兵部省（後に陸軍省）の管轄となりました。1871（明治4）年の廃藩置県を経て、翌年には本丸に秋田県庁が開庁され、その後に東根小屋町の旧明徳館へ移転しました。隣接する武家屋敷には行政機関が集積し、都心部が形成されました。

近世城下町では、身分制にともなう同業者町が形成され、現在の都市構造にも影響を与えています。地形に制約を受けていることも少なくありません。1989（平成元）年に復元された御隅櫓からは、西方の日本海を眺められます（**図119-1**）。

一方、この櫓から内陸側を望むと、JR秋田駅が目に留まります。1902（明治35）年、秋田駅は日本鉄道会社の奥羽北線の終着駅として開業しました。駅舎が置かれたのは、南秋田郡広田村で旧城下町の東方になります。3年後に山形県湯沢ー横手間の南線の開業によって南北線は繋がり、福島ー青森間の奥羽本線が全通しました。1906（明治39）年、全国的な鉄道網の一元化をめざす鉄道国有化法により、同線は官営鉄道となりました。戦後には、1949（昭和24）年の日本国有鉄道の発足、そして1987（昭和62）年の国鉄分割民営化を経て、現在のJR秋田駅へと歴史が紡がれています。

とはいえ、同駅の最も大きな変貌は1997（平成9）年の秋田新幹線の開通に違いありません。すでに1982（昭和57）年に岩手県盛岡駅まで開通していた東北新幹線から直通運転するため、盛岡ー秋田間は田沢湖線を経由するいわゆるミニ新幹線方式になりました。これにあたっては、大規模な改修工事が行われ、線路の幅が狭軌（1,067mm）から標準軌（1,435mm）に広げられたのです。秋田新幹線の開通にあたって、秋田ー東京間の幹線ルートは、明治期の奥羽本線から東北・秋田新幹線へと完全に移り

1989（平成元）年に復元された久保田城御隅櫓

© 秋田県観光振興課

秋田駅前に向かう広小路　　　　撮影：河原典史

ました。

市街地からみた最も外側、いわゆる「駅裏」に新幹線の11・12番ホームが置かれています。本来ならば、東京をはじめとする遠方からの来訪者は、市街地側の「駅前」への誘導が望まれます。しかし、市街地が隣接する「駅前」では、大規模な改修は困難です。そこで、かつて機関車、客車や貨物車が駐機していた「駅裏」の操車場跡地が利用されたのです。

このような地理的な見方をすると、各地の新幹線ホームの位置はとても興味深いです。東京駅八重洲口、名古屋駅太閤口や博多駅筑紫口など、旧城下町の主要駅では新幹線口は「駅裏」側にあるのです。ただし、北陸新幹線の金沢駅兼六園口は駅周辺の再開発にあわせて「駅前」に新幹線口が設置されました。このように、新幹線ホームの設置場所から都市の開発・発展が垣間見えるのです。

北海道 地方

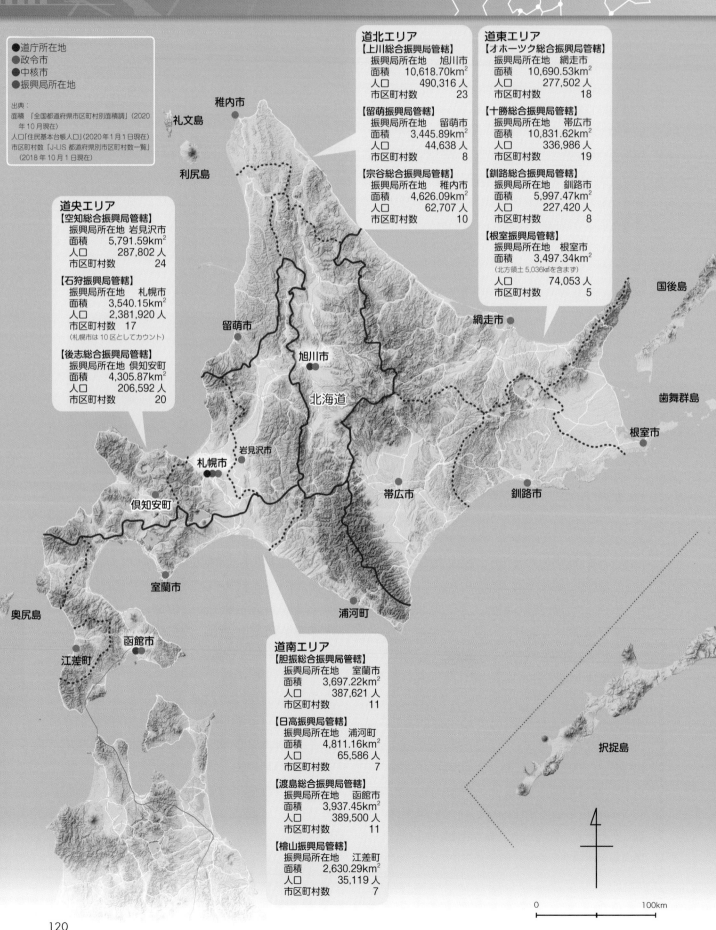

道北エリア
【上川総合振興局管轄】
振興局所在地　旭川市
面積　　10,618.70km²
人口　　490,316 人
市区町村数　　23

【留萌振興局管轄】
振興局所在地　留萌市
面積　　3,445.89km²
人口　　44,638 人
市区町村数　　8

【宗谷総合振興局管轄】
振興局所在地　稚内市
面積　　4,626.09km²
人口　　62,707 人
市区町村数　　10

道東エリア
【オホーツク総合振興局管轄】
振興局所在地　網走市
面積　　10,690.53km²
人口　　277,502 人
市区町村数　　18

【十勝総合振興局管轄】
振興局所在地　帯広市
面積　　10,831.62km²
人口　　336,986 人
市区町村数　　19

【釧路総合振興局管轄】
振興局所在地　釧路市
面積　　5,997.47km²
人口　　227,420 人
市区町村数　　8

【根室振興局管轄】
振興局所在地　根室市
面積　　3,497.34km²
(北方領土 5,036㎢を含みます)
人口　　74,053 人
市区町村数　　5

道央エリア
【空知総合振興局管轄】
振興局所在地　岩見沢市
面積　　5,791.59km²
人口　　287,802 人
市区町村数　　24

【石狩振興局管轄】
振興局所在地　札幌市
面積　　3,540.15km²
人口　　2,381,920 人
市区町村数　　17
(札幌市は 10 区としてカウント)

【後志総合振興局管轄】
振興局所在地　倶知安町
面積　　4,305.87km²
人口　　206,592 人
市区町村数　　20

道南エリア
【胆振総合振興局管轄】
振興局所在地　室蘭市
面積　　3,697.22km²
人口　　387,621 人
市区町村数　　11

【日高振興局管轄】
振興局所在地　浦河町
面積　　4,811.16km²
人口　　65,586 人
市区町村数　　7

【渡島総合振興局管轄】
振興局所在地　函館市
面積　　3,937.45km²
人口　　389,500 人
市区町村数　　11

【檜山振興局管轄】
振興局所在地　江差町
面積　　2,630.29km²
人口　　35,119 人
市区町村数　　7

稚内市
礼文島
利尻島
留萌市
旭川市
北海道
網走市
国後島
歯舞群島
根室市
岩見沢市
札幌市
倶知安町
帯広市
釧路市
奥尻島
室蘭市
浦河町
函館市
江差町
択捉島

0　　　　100km

本章では、「北海道のいま」を取り上げます。
炭鉱の閉山により衰退した夕張。重く、かさばる重工業製品の移出
港としての苫小牧。観光スタイルの変化から取り残された道東と訪
日客であふれるニセコ。北海道の課題を理解してください。

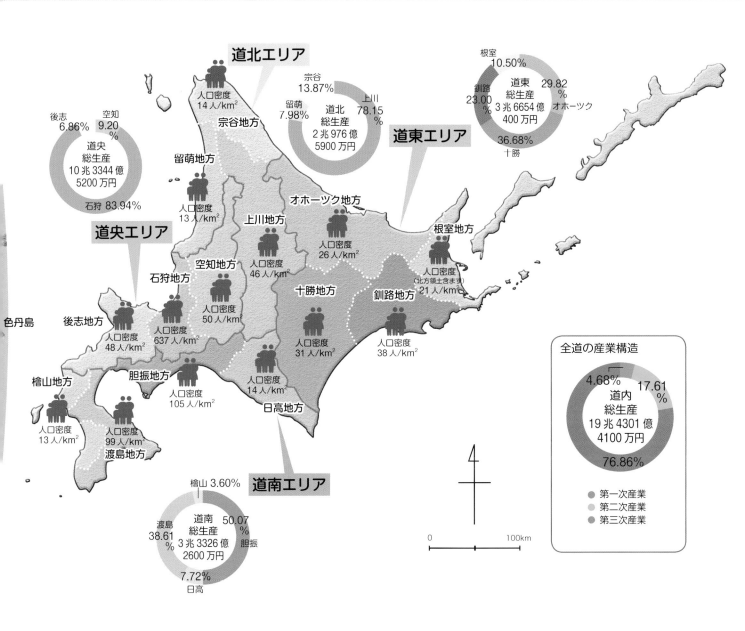

道北エリア

道北
総生産
2兆976億
5900万円

宗谷
13.87%

留萌
7.98%

上川
78.15
%

道央エリア

道央
総生産
10兆3344億
5200万円

後志
6.86%

空知
9.20
%

石狩 83.94%

道東エリア

道東
総生産
3兆6654億
400万円

根室
10.50%

釧路
23.00
%

オホーツク
29.82
%

十勝
36.68%

人口密度
14人/km²

宗谷地方

留萌地方

人口密度
13人/km²

上川地方

人口密度
46人/km²

オホーツク地方

人口密度
26人/km²

根室地方

人口密度
（北方領土含まず）
21人/km²

石狩地方

空知地方

人口密度
50人/km²

十勝地方

人口密度
31人/km²

釧路地方

人口密度
38人/km²

後志地方

人口密度
48人/km²

人口密度
637人/km²

檜山地方

胆振地方

人口密度
105人/km²

人口密度
14人/km²

日高地方

色丹島

人口密度
13人/km²

人口密度
99人/km²

渡島地方

全道の産業構造

道内
総生産
19兆4301億
4100万円

4.68%

17.61
%

76.86%

● 第一次産業
● 第二次産業
● 第三次産業

道南エリア

道南
総生産
3兆3326億
2600万円

檜山 3.60%

渡島
38.61
%

胆振
50.07
%

日高
7.72%

0   100km

出典：平成29年度（2017年度）道民経済計算年報「経済活動別総生産（振興局別）」

● 北海道 道別「県内総生産額（名目）」と「産業構造」 出典：県民経済計算（平成29／2017年度）

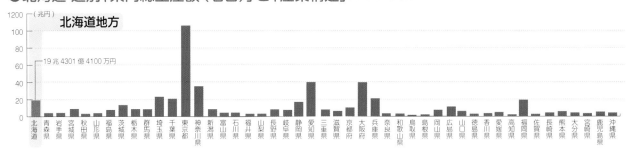

（兆円）
北海道地方

19兆4301億4100万円

北海道
青森県
岩手県
宮城県
秋田県
山形県
福島県
茨城県
栃木県
群馬県
埼玉県
千葉県
東京都
神奈川県
新潟県
富山県
石川県
福井県
山梨県
長野県
岐阜県
静岡県
愛知県
三重県
滋賀県
京都府
大阪府
兵庫県
奈良県
和歌山県
鳥取県
島根県
岡山県
広島県
山口県
徳島県
香川県
愛媛県
高知県
福岡県
佐賀県
長崎県
熊本県
大分県
宮崎県
鹿児島県
沖縄県

● 北海道地方の「１人当たり道民所得」と「電力事情」●

１人当たりの道民所得（1000円）

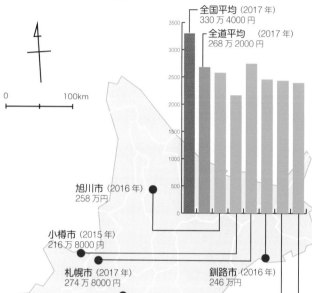

全国平均（2017年）
330万4000円

全道平均（2017年）
268万2000円

旭川市（2016年）
258万円

小樽市（2015年）
216万8000円

札幌市（2017年）
274万8000円

釧路市（2016年）
246万円

苫小牧市（2000年）
243万8000円

函館市（2014年）
239万9000円

出典：全道平均は県民経済計算（2017年度）、その他は各市ホームページ

電力事情

北海道の電力事情

「電力調査統計表」によると、北海道の１年間の電力需要量は、293億2587万9000kWh（2020年6月30日公表時点）で、東京都の771億1467万7000kWhの38%ほどだ。しかし、寒冷地であり、冬季間の暖房が必要不可欠なことなどから、下のグラフに示すように、全国に比べ、一次エネルギーである石油や石炭に対する依存度が高く、将来の資源枯渇や温暖化問題を前に、大きな転換が迫られている。

【一次エネルギー供給絵量の比較】

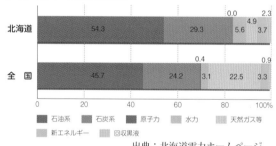

北海道 54.3 29.3 5.6 0.0 4.9 2.3 3.7

全国 45.7 24.2 3.1 22.5 0.4 0.9 3.3

石油系　石炭系　原子力　水力　天然ガス等
新エネルギー　回収黒液

出典：北海道電力ホームページ

●全道の人口と高齢化率の推移

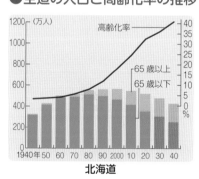

高齢化率

65歳以上
65歳以下

1940年 50 60 70 80 90 2000 10 20 30 40

北海道

出典：国勢調査および2030、2040年は人口問題研究所の「日本の地域別将来推計人口（平成30年推計）」

●振興局別の人口と年齢構成（2020年1月1日現在）

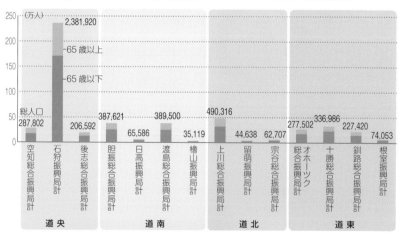

2,381,920
−65歳以上
−65歳以下
総人口

287,802
206,592
387,621
65,586
389,500
35,119
490,316
44,638
62,707
277,502
336,986
227,420
74,053

空知総合振興局計　石狩振興局計　後志総合振興局計　胆振総合振興局計　日高振興局計　渡島総合振興局計　檜山振興局計　上川総合振興局計　留萌振興局計　宗谷総合振興局計　オホーツク総合振興局計　十勝総合振興局計　釧路総合振興局計　根室振興局計

道央　道南　道北　道東

札幌市は人口が約197万人の北海道最大の都市で「道都」とも呼ばれる。一方、稚内市は日本最北端の市で、人口は3万3650人。その違いはGoogle earthで見た市街地の広がりを見ても明らかだ。

地域のようすを見てみよう▶北海道の土地（耕地）利用割合◀

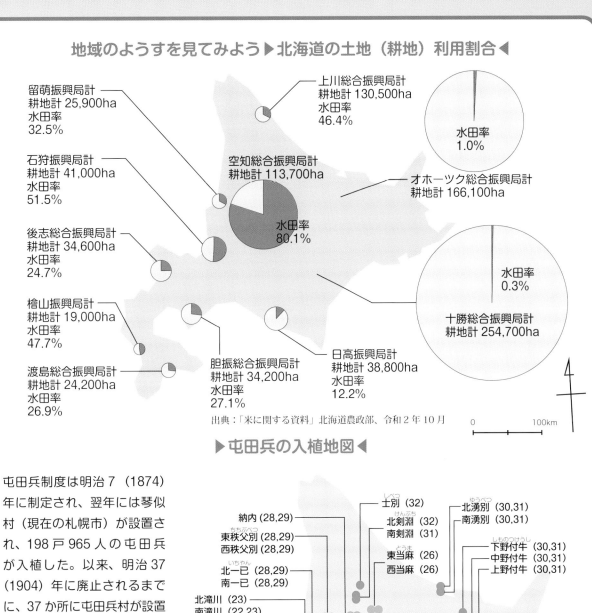

留萌振興局計
耕地計 25,900ha
水田率
32.5%

上川総合振興局計
耕地計 130,500ha
水田率
46.4%

水田率
1.0%

石狩振興局計
耕地計 41,000ha
水田率
51.5%

空知総合振興局計
耕地計 113,700ha

水田率
80.1%

オホーツク総合振興局計
耕地計 166,100ha

後志総合振興局計
耕地計 34,600ha
水田率
24.7%

水田率
0.3%

檜山振興局計
耕地計 19,000ha
水田率
47.7%

十勝総合振興局計
耕地計 254,700ha

渡島総合振興局計
耕地計 24,200ha
水田率
26.9%

胆振総合振興局計
耕地計 34,200ha
水田率
27.1%

日高振興局計
耕地計 38,800ha
水田率
12.2%

出典：「米に関する資料」北海道農政部、令和2年10月

0　　　　100km

▶屯田兵の入植地図◀

屯田兵制度は明治7（1874）年に制定され、翌年には琴似村（現在の札幌市）が設置され、198戸965人の屯田兵が入植した。以来、明治37（1904）年に廃止されるまでに、37か所に屯田兵村が設置され、戸数7337戸、家族を含む3万9901人が入植した。

琴似屯田村のようす　所蔵：札幌市公文書館

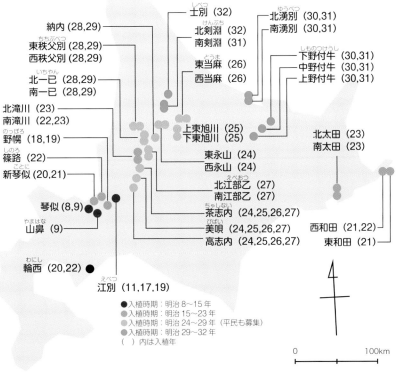

納内 (28,29)
東秩父別 (28,29)
西秩父別 (28,29)
北一已 (28,29)
南一已 (28,29)
北滝川 (23)
南滝川 (22,23)
野幌 (18,19)
篠路 (22)
新琴似 (20,21)
琴似 (8,9)
山鼻 (9)
輪西 (20,22)
江別 (11,17,19)

士別 (32)
北剣淵 (32)
南剣淵 (31)
東当麻 (26)
西当麻 (26)
上東旭川 (25)
下東旭川 (25)
東永山 (24)
西永山 (24)
北江部乙 (27)
南江部乙 (27)
茶志内 (24,25,26,27)
美唄 (24,25,26,27)
高志内 (24,25,26,27)

北湧別 (30,31)
南湧別 (30,31)
下野付牛 (30,31)
中野付牛 (30,31)
上野付牛 (30,31)
北太田 (23)
南太田 (23)
西和田 (21,22)
東和田 (21)

●入植時期：明治8〜15年
●入植時期：明治15〜23年
●入植時期：明治24〜29年（平民も募集）
●入植時期：明治29〜32年
（ ）内は入植年

0　　　　100km

出典：屯田兵倶楽部「屯田兵村の配置図」を改変

1 北海道の道東地域に見る 観光の質的変化

▶ 阿寒湖、知床、釧路平原といった北海道東部（道東）の観光地はよく知られています。修学旅行や会社の慰安旅行などの適地だったともいえるでしょう。

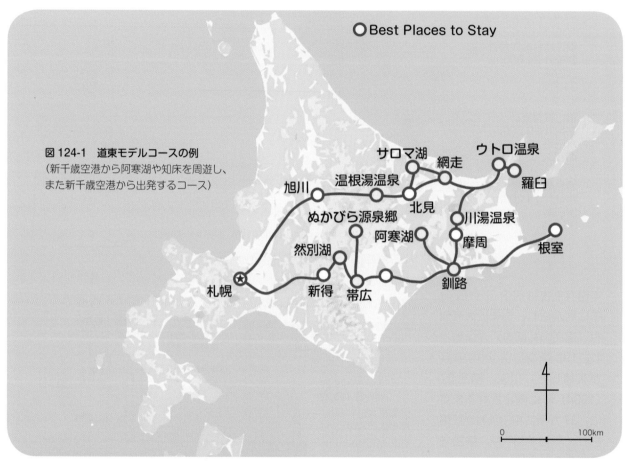

Best Places to Stay

図 124-1　道東モデルコースの例
（新千歳空港から阿寒湖や知床を周遊し、また新千歳空港から出発するコース）

サロマ湖　ウトロ温泉　網走　羅臼　温根湯温泉　旭川　北見　川湯温泉　ぬかびら源泉郷　阿寒湖　摩周　根室　然別湖　新得　帯広　釧路　札幌

0　100km

流氷帯に入る網走流氷観光砕氷船「おーろらⅡ」

北海道の観光名所としての人気の阿寒湖

Q1 道東地区を例に観光資源ニーズの変化の中で、経済的な要因を考えてみましょう。

●道東の観光に求められていたもの

1960、70年代の高度経済成長により人びとの所得は増え、旅行に行って余暇を楽しむ余裕ができました。さまざまな観光名所のある道東地区は修学旅行や会社の慰安旅行をはじめ、団体旅行の適地でした。東京・関西方面からフェリーや飛行機で小樽や千歳空港（現在は新千歳空港）に行き、バスや鉄道で移動したのです。

有名な観光地にはみやげもの屋のある大きな駐車場がありました。観光地を訪問し、大きなホテルで食事をとる、といういわば「昭和の旅行」によって観光地は潤いました。

●規模の経済と旅の変貌

1970年代に入ると、大型航空機が羽田空港との間を往復するようになります。機体が大きくなると1人あたりのコストが下がるため、運賃も下がりました。団体向けにはさらに別の割引運賃が設定されていました。航空会社にとっては空席で飛ばすより、1人でも多くの旅客を運ぶことが重要になりました。

また、ホテルにとっても同じ料理をたくさんつくることによって仕入れの原料費や人件費も下げることができるため、比較的大規模なホテルが有利だったのです。

これは図125-1のような規模の経済といわれる考え方で説明できます。

修学旅行は、集団行動という教育が目的の1つですし、当時の学校が主催する旅行ですので、合理的な価格であることも求められます。1980年頃

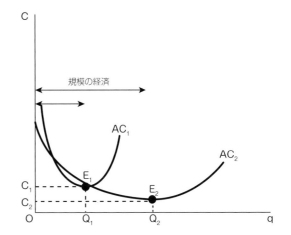

図125-1 規模の経済 一定程度まで生産量が増えると、1人当たりの単価（平均費用：average cost, AC）が小さくなります。小規模なホテルはC1のコストがかかり、Q1しかサービスを提供できないのに比べ、大規模なホテルはたくさんの人（Q2）に安く（C2）サービスを提供できます。

と現在とを比べれば、当時の生徒数は2倍以上多く、こうした施設に頼らざるを得なかったという事情もありました。道東に限らず全国各地に団体用の旅館やホテルができたのも、同じ理由からです。あるいは、量や規模を追い求めていた社会的風潮だったのかもしれません。

しかし、今の旅行に求められるものは多様になりました。

学生にとっては安いことが依然として重要でしょうが、高所得者には豪華なサービスの付いたホテルをはじめ高級な旅を求める人が増えています。そのため、旅行の形態は団体旅行から個人旅行に変わりました。

個人旅行では航空券をインターネットで予約することがふつうです。旅行会社が航空券を販売しても、航空会社から委託販売料（マージン）は入らなくなりました。旅行会社も航空券単独では販売せず、宿泊をセットにしたパック商品を販売しています。

北海道地方

125

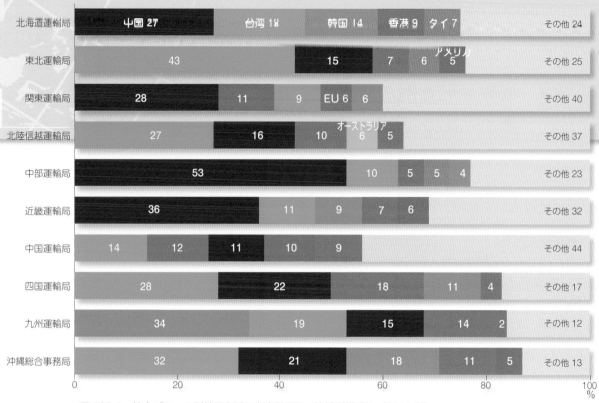

図126-1　地方ブロック別外国人延べ宿泊者の国・地域別構成比（2019年）

出典：令和2年版『観光白書』

そして、航空会社の経営方針も大きく変わりました。大型航空機は燃費が悪く、2000年代に燃料費の高騰を経験し、航空会社は中小型機を多く使うようになりました。そのため、団体客を乗せられない便も多く、修学旅行は大型機の就航する首都圏、沖縄、北海道に集中する傾向があります。

修学旅行では、タクシーを利用してグループで行動した経験をお持ちの方も多いでしょう。旅行が個人や小規模なパーティ志向になっていることと、乗り物が小型化していることは軌を一にしているわけです。観光地を鳥瞰すると、そうした多様なニーズに応えているところに勢いがあるように見えます。

●道東観光の今？

さて、今の北海道は海外旅行客に人気の地域となりました。海も山もある自然、そして冬は降雪を活かしたスキーというように、一年中外国人でにぎわっています。図126-1はインバウンド宿泊者の出身国・地域を示しています。

同じ東日本に属していても、北海道が中国、台湾と続き、その比率が3：2であるのに対し、東北では台湾と中国の比率はおよそ3：1となっています。しかし、ここでも道内では集客力に差があり、札幌を中心とした道央地域に人気が集中しています。

そこで、訪日外国人の誘客をめざして観光庁は各地域から広域観光周遊ルート形成計画を募り、2016年にモデルコースを公表しました（図124-1）。

これは1つの観光地が京都や東京ほどの巨大な集客力をもたないため、いくつかの観光地を周遊することで需要（効用）を大きくしようという考え方です。このほかにも、旭川空港から北海道にはいるようなコースも提案されています。

こうした旅客の多くは飛行機でやってくるのですが、それは決まった時刻に運航される定期便だけではありません。地元の自治体が外国の旅行会社に働きかけ、飛行機を借りてやってくるチャーター機も多いのです。さらに、新型コロナ感染の拡大前には、クルーズ船を利用する外国人客も急増していました。

ニセコの地方再生

　リゾート都市として知られるニセコ町の人口は2000年の国勢調査では4,553人でした。しかし2016年には5,065人に増えています。なぜ、ニセコ町の人口は増えているのでしょうか？

　北海道の雪はアジア大陸との距離も近いため、湿気をあまり含まないサラサラの雪がある有数のスキー場です。そこにオーストラリアからの旅行者が多く訪れています。彼らは、欧米のスキー場に行こうとすると、飛行機で7〜8時間と距離も遠く、時差も大きいのですが、日本とオーストラリアの時差は約2時間で、その負担が少ないことも要因と考えられます。日本はテロが少なく、テロを恐れたスキーヤーが、テロの危険性のある欧米からニセコ町へ切り替えたことも大きいでしょう。冬季以外は、羊蹄山登山、ゴルフ、サイクリング、ラフティング、カヌーや釣りなど多様なレジャーを楽しむことが可能です。さらに、アジアからの観光客も増えてきています。観光客が増えると、ホテル、スキー場、ラフティングなどのレジャーに関わる従業員等、仕事が保障されるので、人口が増加するわけです。

　こうしたニセコ町のリゾート化は町の国際化にも寄与しています。たとえば、外国人住民は294人で住民の5.8％、中国・韓国からの移住も増えています。また、役場では、ニュージーランド、中国、韓国、イギリス、

出典：ニセコリゾート観光協会ホームページ

スイスの外国人職員が働いています。観光を起爆剤にしながら、人口減少に歯止めをかけ、国際化にも対応しているといえるでしょう。

出典：山崎朗「東京飛ばしの地方創生」（時事通信社）,『読売新聞』2017年1月19日より

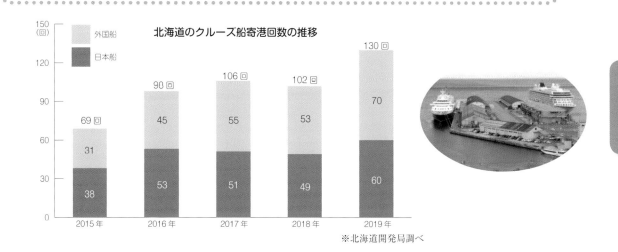

北海道のクルーズ船寄港回数の推移

凡例：外国船／日本船

	2015年	2016年	2017年	2018年	2019年
合計	69回	90回	106回	102回	130回
外国船	31	45	55	53	70
日本船	38	53	51	49	60

※北海道開発局調べ

2 都市の栄枯盛衰 炭鉱都市・夕張

▶ 第二次世界大戦後の日本経済の復興期には、「傾斜生産方式」といわれる政策によって、国の資源が石炭産業に投入されていました。

図 128-1　地理院地図で見る 1961～1969 年の夕張市

図 128-2　グーグルアースで見る現在の夕張市

1969（昭和44）年頃の夕張市。まだまだ「100万トンの夜景」を誇っていた。
出典：夕張市石炭博物館ホームページ

1960（昭和35）年頃。町の周囲には商店、映画館、学校といった彼らが必要なサービスを提供する施設もできた。

北海道と九州に分布した炭鉱には炭抗だけでなく、炭鉱労働者やその家族のための住居が建ち並んでいたんですね。

Q1 炭鉱都市・夕張の変化を知りましょう。

●新旧の空中写真で見る夕張市の変貌

　1960 年代以前、石炭は「黒いダイヤ」と呼ばれました。第二次世界大戦後の日本経済の復興期において傾斜生産方式によって、国の資源が石炭産業に投入されていました。また、戦後の小学校社会科教科書では日本の鉱業に紙幅が割かれ、授業は鉱山や炭鉱の位置や地名を覚えさせました。

　そんな中、夕張は日本を代表する石炭産業の町として知られ、たいへん繁栄していました。

　図128-1 は、夕張市役所を中心にした空中写真ですが、1961～1969 年には道路沿いはもちろん、周辺の山肌まで多くの家が立ち並んでいるのが見てとれます。しかし、1960 年頃から急激に衰退していきました。そして今では、道路周辺の建物が激減し、かつて家々が建っていた山肌も

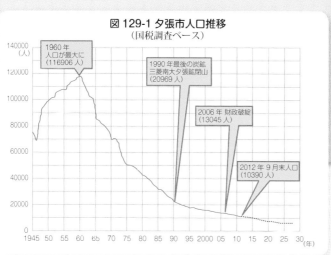

図 129-1 夕張市人口推移
(国税調査ベース)

1960年
人口が最大に
(116906人)

1990年最後の炭鉱
三菱南大夕張鉱閉山
(20969人)

2006年 財政破綻
(13045人)

2012年9月末人口
(10390人)

夕張市

Google

0　　　　100km

すっかり緑に覆われています
(図128-2)。 図129-1のグ
ラフを見ると、夕張市の人口
は1960年の11万6906人
をピークに急激に減少してい
ることがわかります。国産の
石炭が割高だったのに加え、
エネルギー資源が石炭から石
油へ転換していったため、閉
山が相次ぎ、働き場を失った
人々が夕張から去っていった
のです。

1987（昭和62）年頃。手前に写っているのは1983年に開園したテーマパーク「歴史村」。
出典：夕張市石炭博物館ホームページ

Q2 夕張市の財政破綻について、時代の推移から考えてみましょう。

●夕張炭鉱における基盤産業と非基盤産業はどのように変化したのでしょうか

　すでに85ページでものべたように、地域の産
業は、基盤産業（basic industry）と非基盤産業
（non-basic industry）の２つに大別できます。

　基盤産業とは採炭業のように域外に生産物を移
出するような産業、非基盤産業とは基盤産業の雇
用者や家族が購入するような財やサービスを提供
する産業のことです。基盤産業の生産物に対する
注文が増えると、それにあわせて雇用も増えます。

雇用の増加は家族の増加も意味し、非基盤産業に
対するニーズも高まるでしょう。すると、そこでも
雇用が生まれ、都市全体の人口が増えるという流
れです。

　現代の日本経済の中心は重化学工業の第二次産
業から第三次産業へと産業構造が変わりました。
最近では、部品や半製品を海外でつくり、それを日
本で組み立てることが多くなりました。

　こうしたことを背景に、以下のようなことが考
えられるのです。

　第一に、坑道を深く掘らないでも露天掘りをは

北海道地方

129

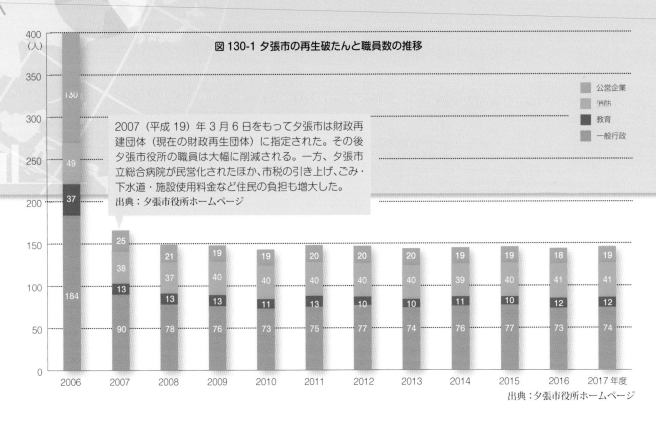

図 130-1 夕張市の再生破たんと職員数の推移

2007（平成 19）年 3 月 6 日をもって夕張市は財政再建団体（現在の財政再生団体）に指定された。その後夕張市役所の職員は大幅に削減される。一方、夕張市立総合病院が民営化されたほか、市税の引き上げ、ごみ・下水道・施設使用料金など住民の負担も増大した。
出典：夕張市役所ホームページ

公営企業
消防
教育
一般行政

出典：夕張市役所ホームページ

じめとして好条件で大量に産出できる外国の資源が廉価であるため、日本の企業がそれを使うようになりました。第二に、新興工業国においても工業化が進み、日本の工業製品は、高付加価値製品を除き、そうした労働賃金の安い国の工業製品と競争しても勝てなくなったのです。第三に、1973 年の変動為替レートへの移行、1986 年以降の急激な円高による国内品の競争力の低下があげられます。

　こうして、炭鉱町の基盤産業である採炭業に対する需要は細り、雇用は減少し、非基盤産業に対するニーズも縮小しました。これが、自治体あるいは都市の衰退プロセスです。しかし、ことはこれだけで終わらないのです。都市にはさまざまなインフラがありますから、地方自治体にはそれらを建設、維持、管理する役割があります。また、住民に対するサービスを提供する仕事もあります。問題はこれらの原資は税金であり、都市の人口が減ったり、経済活動がにぶると、税収も減少してしまうということです。

●自治体財政の行き詰まり

　通常、町の衰退プロセスが 1、2 年で進むことは例外的ですから、自治体がリスクに対する準備をしておけばよいということになるのでしょう。企

業はそうした事態を含め、さまざまなリスクへの備えをしています。たとえば、製品がよく売れたとき、将来、売れなくなったときに備えて内部留保（貯金）を積み増すでしょうし、そのような剰余金を別の事業に投資して収入源を分散するでしょう。また、製品が売れなくなって在庫が増えてくれば、生産量を減らします。雇用を減らすかもしれません。それでもダメな場合、事業を清算するか、倒産します。

　ところが、自治体は議会が決めた予算で物事を進めなければなりません。しかも、予算が単年度ごとに決められるものですから、予算の多寡にかかわらず、自治体には将来を見通すという習慣が乏しいのです。

　1990 年に夕張炭鉱が閉山すると、町の財政も悪化しましたが、住民サービスの縮小はそう簡単ではありません。日本国の自治体には企業の倒産にあたる破綻という制度がありませんから、自治体にも危機感が不足します。おまけに、自治体が抱える公務員も解雇できないのです。そこで、国がその自治体を財政再建団体に指定し、収支を管理することになります。夕張市の歳出削減が本格化し、サービスは縮小、公務員の給料も下がりました。そして、今もなお、再生の道を歩んでいます（図130-1）。

図131-1 アメリカのラストベルト

図 131-2　左は 1911 年頃に撮影された拡張中のデトロイトのパッカード自動車工場。　出典：https://www.loc.gov/
　右は、Google earth で見る現在のパッカード自動車工場跡である。1903 年に開設されたが、工場は 1958 年に閉鎖され、40 エーカー（16ha）の敷地は再開発の計画もとん挫し、未だに売り手がつかないまま放置されている。

●海外の自治体の財政破たん

　自治体の財政破たんは海外でも多く見られます。アメリカの自治体も企業経営と同様、支払いが滞れば破たんし、住民サービスは極端に削減されます。ごみの収集日が減り、道路整備が放置され、警察官ですら例外ではありませんから、治安まで悪化します。そして市の所有する財産はできるかぎり売却して借金の返済に充てられるのです。

　たとえば、2013 年には「自動車の町」といわれたミシガン州デトロイト市が破たんしましたが、その誘因にアメリカの自動車産業の競争力の低下があるといわれます。2000 年に 95 万人あった人口は、2016 年には 67.2 万人まで減少しました。苦しんでいるのはデトロイトばかりではありません。アメリカの中西部から大西洋岸中部にわたる地域では製造業が衰退し、ラストベルト（錆びた地帯）と呼ばれています（図131-1）。ペンシルベ

ニア州の州都ハリスバーグは歴史のある都市で、荘厳な州議会議事堂が有名ですが、市がごみ処分場を建設するために発行した市債の利払いが滞り、2010 年に破たんしました。

　アメリカの場合、こうした破綻たん自治体が再生することがあります。自治体は破たんと同時に支出の削減とともに歳入でもある財産税も引き下げます。こうした税は住民サービスの質と一致するとされますが、税負担を嫌う人が、「住民サービスが悪くてもいい」と、住むようになります。たとえば高齢者は、子どもが同居していないため学校教育の充実は求めないという研究結果もあります。このような高齢者が流入し、都市の形成時のように再び人口が増加することがあるのです。経済原則にもとづく移動が、自治体の再生に寄与することもあるわけです。

③ 工業の発展と海運・港湾の役割

▶ 北海道苫小牧港（苫小牧市）のケースを取り上げてみます。

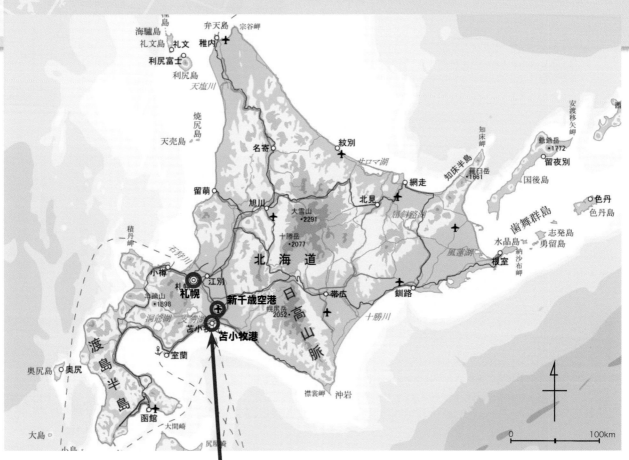

●工業の進展と港湾の関係について 苫小牧港のケースを考えましょう

　北海道苫小牧港（苫小牧市）のケースを取り上げてみます。106ページで扱った鹿島港のケースと共通なのは、苫小牧西港が「掘り込み式」になっていることです。鹿島と同じように港湾には自動車、化学、製紙などの工場が立地しています。苫小牧の製紙工場の集積は北海道の木材（チップ）を背景にした原料立地型の産業であり、水力発電による廉価な電力も魅力の1つでした。

　さて、わが国では戦後一貫して人口や産業の分散という国土政策を掲げてきました。それは、首都圏にヒトやモノが過密になったのに対し、その供給源であった地方とのさまざまな格差を縮小するためでした。製紙とともに歩む苫小牧の発展は、開発政策の成功例といわれました。

北海道の鉄道路線

― 現存する鉄道路線
― 廃止された鉄道路線
― 廃止代替バス路線

出典：東洋経済 online 2016.2.14

天北線
興浜北線
美幸線
興浜南線
渚滑線
湧網線
標津線
羽幌線
名寄線
深名線
留萌線
歌志内線
幌内線
万字線
岩内線
瀬棚線
江差線
木古内〜江差
松前線
胆振線
富内線
広尾線
土幌線
池北線
白糖線
相生線

稚内　名寄　留萌　旭川　網走　北見　根室　釧路　札幌　夕張　苫小牧　函館

開発が軌道に乗ったこともあり、政府は1970年代になると、苫小牧東部開発株式会社を創設し、苫小牧東部の開発に着手しました。これが苫小牧東部工業基地構想であり、工業用地を整備し、民間企業を誘致する計画でした。

しかし、用地の売却は進まず、1998年に苫小牧東部開発株式会社は破たんしました。その後、特殊会社である株式会社苫東が設立され、事業が継承されています。開発が進まなかったため、かえって自然が保護されているという皮肉な結果となっています。

全国には苫小牧や八戸といった高度成長期の開発の名残りともいえる空き地があり、無理な開発への教訓となっています。

これに対し苫小牧西港では貨物の集積地となっていて後背地には鉄道網が整備されていることがわかります。これは、原材料や製品を鉄道貨物として輸送するためのものです。

北海道では農産物をはじめ第一次産品が多く産出され、それが本州にも輸送されています。第一次産品は重くてかさばるため、現在でも鉄道が貨物輸送に重要な役割を果たしています。消費地が本州であるため、輸送距離が長くなり、トラックでは輸送費がかさみます。それにもかかわらず、人口減少をうけてJR北海道のもつ路線はほとんどが赤字であるため、多くの路線が廃止されてきました。そして、JR北海道はさらに廃線を予定しています。そのため、北海道で加工して付加価値をつけてゆく六次産業化が課題になっています。

苫小牧東港のコンテナターミナル

巻末データの読み方

　本書では、29 ページ以降、「沖縄・九州地方」「中国・四国地方」「近畿地方」「中部地方」「関東地方」「東北地方」「北海道地方」に分けて日本の姿を紹介していますが、各地方の冒頭 4 ページで、それぞれの地方を知るための基礎的な情報をまとめて紹介しています。

　たとえば、都道府県別の「県内総生産額（名目）」について、その総額に加え、第一次産業、第二次産業、第三次産業が占める割合を円グラフで紹介しています（該当ページ⇒沖縄・九州地方は 31 ページ、四国・中国地方は 47 ページ、近畿地方は 61 ページ、中部地方は 79 ページ、関東地方は 91 ページ、東北地方は 108 ページ、北海道地方は 121 ページ）。

　この円グラフは「県民経済計算」（2017 ／平成 29 年度）をベースにしていますが、第一次産業、第二次産業、第三次産業ごとの詳細な額については、巻末に表としてまとめています。（⇒**巻末データ 1**、135 ページを参照）。これらのデータからは、人々の生活基盤を支える産業の規模や構造がどうなっているかが、より詳しく読み取れるでしょう。

　また、各都道府県の「人口と高齢化率の推移」は棒グラフと折れ線グラフで紹介しています（該当ページ⇒沖縄・九州地方は 32 ページ、中国・四国地方は 48 ページ、近畿地方は 62 ページ、中部地方は 80 ページ、関東地方は 92 ページ、東北地方は 110 ページ、北海道地方は 122 ページ）。そのベースとなった数値は「国勢調査」と国立社会保障・人口問題研究所の「日本地域別将来推計人口」（2018 ／平成 30 年推計）をデータですが、グラフでは紹介しきれなかった具体的な人数や高齢化率について、表にして巻末データとしました。人口構成は、現在さらに未来の日本の姿を考えるうえでも大切な要素です（⇒**巻末データ 2 ～ 4**、136 ～ 141 ページを参照）。

　それ以外にも、グラフでは紹介しきれなかった詳細な数値については巻末に表の形で収録しています

　中国地方では各県の「月別降水量」（該当ページ⇒ 40 ページ）を円グラフで紹介、東北地方では各県主要都市の「降水量・気温・湿度」（該当ページ⇒ 111 ページ）をクリモグラフで紹介しています。ベースとしているのはいずれも「理科年表」（2020 年版）ですが、それぞれの詳しいデータを**巻末データ 4**（141 ページを参照）と、**巻末データ 5**、142 ページ）に掲載します。

　また北海道では、「全道の人口と高齢化率の推移」同時に、「振興局別の人口と年齢構成」（該当ページ⇒ 122 ページ）を棒グラフで紹介しています。これは 2020 年 1 月 1 日現在の住民基本台帳人口をもとにしたものですが、その詳細な数についても巻末で紹介します（⇒**巻末データ 5**、142 ページを参照）。

①県別「県内総生産額（名目）」と「産業構造」（2017年度）

都府県名	県内総生産 単位：100万円	第一次産業 単位：100万円	%	第二次産業 単位：100万円	%	第三次産業 単位：100万円	%
北海道	19,430,141	910,131	4.68	3,421,969	17.61	14,934,485	76.86
青森県	4,443,200	213,254	4.80	984,286	22.15	3,267,240	73.53
岩手県	4,651,238	168,752	3.63	1,357,300	29.18	3,097,812	66.60
宮城県	9,463,930	149,778	1.58	2,541,462	26.85	6,776,152	71.60
秋田県	3,563,010	115,269	3.24	866,866	24.33	2,600,523	72.99
山形県	4,266,962	156,588	3.67	1,363,205	31.95	2,729,803	63.98
福島県	8,063,692	126,291	1.57	2,724,783	33.79	5,171,418	64.13
茨城県	13,808,427	309,458	2.24	5,553,054	40.21	7,868,294	56.98
栃木県	9,151,331	163,980	1.79	4,306,501	47.06	4,624,833	50.54
群馬県	8,970,434	127,639	1.42	3,933,976	43.85	4,857,082	54.15
埼玉県	23,431,055	111,124	0.47	6,566,408	28.02	16,580,980	70.76
千葉県	21,106,928	249,120	1.18	5,294,960	25.09	15,439,997	73.15
東京都	106,238,222	44,498	0.04	15,658,993	14.74	90,418,214	85.11
神奈川県	35,589,833	54,473	0.15	9,385,057	26.37	25,909,019	72.80
新潟県	8,994,381	166,678	1.85	2,645,970	29.42	6,131,341	68.17
富山県	4,584,089	49,237	1.07	1,734,124	37.83	2,787,233	60.80
石川県	4,676,061	45,349	0.97	1,419,890	30.37	3,185,090	68.11
福井県	3,323,602	32,468	0.98	1,101,587	33.14	2,185,130	65.75
山梨県	3,431,756	64,783	1.89	1,309,136	38.15	2,045,010	59.59
長野県	8,441,677	160,834	1.91	2,982,419	35.33	5,246,556	62.15
岐阜県	7,768,874	70,773	0.91	2,620,368	33.73	5,042,716	64.91
静岡県	17,277,470	155,305	0.90	7,581,794	43.88	9,456,703	54.73
愛知県	40,299,791	193,743	0.48	16,937,005	42.03	23,048,137	57.19
三重県	8,227,235	90,317	1.10	3,555,649	43.22	4,606,197	55.99
滋賀県	6,533,239	41,814	0.64	3,104,165	47.51	3,349,578	51.27
京都府	10,799,617	41,885	0.39	3,326,122	30.80	7,356,455	68.12
大阪府	40,069,967	22,339	0.06	8,607,215	21.48	30,729,044	76.69
兵庫県	21,328,823	110,749	0.52	5,821,736	27.30	15,291,407	71.69
奈良県	3,695,047	24,113	0.65	876,602	23.72	2,768,986	74.94
和歌山県	3,473,335	88,523	2.55	1,102,323	31.74	2,270,726	65.38
鳥取県	1,896,663	53,420	2.82	420,827	22.19	1,409,868	74.33
島根県	2,472,927	49,054	1.98	589,200	23.83	1,822,522	73.70
岡山県	7,813,184	90,301	1.16	2,715,982	34.76	4,971,509	63.63
広島県	11,790,821	79,023	0.67	3,972,377	33.69	7,689,510	65.22
山口県	6,413,148	42,145	0.66	2,672,716	41.68	3,659,828	57.07
徳島県	3,156,884	65,848	2.09	1,058,571	33.53	2,014,870	63.82
香川県	3,845,915	57,797	1.50	1,070,362	27.83	2,739,046	71.22
愛媛県	5,149,797	107,136	2.08	1,578,465	30.65	3,442,968	66.86
高知県	2,429,454	101,120	4.16	418,613	17.23	1,893,219	77.93
福岡県	19,679,224	168,976	0.86	4,033,354	20.50	15,364,737	78.08
佐賀県	2,945,222	89,428	3.04	895,311	30.40	1,942,066	65.94
長崎県	4,575,751	141,036	3.08	1,112,254	24.31	3,296,535	72.04
熊本県	6,059,584	211,171	3.48	1,615,354	26.66	4,200,714	69.32
大分県	4,509,963	101,066	2.24	1,349,809	29.93	3,035,664	67.31
宮崎県	3,762,915	199,399	5.30	891,794	23.70	2,649,592	70.41
鹿児島県	5,504,459	302,348	5.49	1,252,918	22.76	3,919,221	71.20
沖縄県	4,414,093	65,497	1.48	745,078	16.88	3,625,257	82.13
全都道府県 計	561,523,371	6,184,030	1.10	155,077,910	27.61	397,453,287	70.78

参考資料：県民経済計算（2017／平成29年度）

②人口と高齢化

調査年(年)	都道府県	総数(人)	65歳以下(人)	65歳以上(人)	高齢化率(%)
1940	全国	73,075,071	69,621,369	3,453,702	4.7
	北海道	3,272,012	3,164,783	107,229	3.3
	青森県	1,000,372	963,902	36,470	3.6
	岩手県	1,095,671	1,047,164	48,507	4.4
	宮城県	1,270,988	1,219,056	51,932	4.1
	秋田県	1,052,147	1,014,734	37,413	3.6
	山形県	1,119,267	1,072,561	46,706	4.2
	福島県	1,625,418	1,550,957	74,461	4.6
	茨城県	1,619,926	1,526,672	93,254	5.8
	栃木県	1,206,597	1,148,098	58,499	4.8
	群馬県	1,298,853	1,241,666	57,187	4.4
	埼玉県	1,607,927	1,529,707	78,220	4.9
	千葉県	1,588,218	1,490,492	97,726	6.2
	東京都	7,346,983	7,154,379	192,604	2.6
	神奈川県	2,183,019	2,108,389	74,630	3.4
	新潟県	2,064,227	1,960,838	103,389	5.0
	富山県	822,530	780,721	41,809	5.1
	石川県	757,598	713,386	44,212	5.8
	福井県	643,815	604,645	39,170	6.1
	山梨県	662,915	627,462	35,453	5.3
	長野県	1,710,519	1,619,471	91,048	5.3
	岐阜県	1,264,945	1,194,421	70,524	5.6
	静岡県	2,017,442	1,919,390	98,052	4.9
	愛知県	3,165,891	3,030,813	135,078	4.3
	三重県	1,198,614	1,126,385	72,229	6.0
	滋賀県	703,530	659,379	44,151	6.3
	京都府	1,729,356	1,650,194	79,162	4.6
	大阪府	4,790,024	4,646,533	143,491	3.0
	兵庫県	3,212,045	3,068,865	143,180	4.5
	奈良県	620,197	586,110	34,087	5.5
	和歌山県	864,451	813,360	51,091	5.9
	鳥取県	484,306	450,390	33,916	7.0
	島根県	740,817	685,812	55,005	7.4
	岡山県	1,329,012	1,238,043	90,969	6.8
	広県	1,868,440	1,759,058	109,382	5.9
	山口県	1,293,630	1,217,386	76,244	5.9
	徳島県	718,645	665,659	52,986	7.4
	香川県	730,247	683,916	46,331	6.3
	愛媛県	1,178,498	1,100,762	77,736	6.6
	高知県	709,108	654,623	54,485	7.7
	福岡県	3,092,573	2,966,191	126,382	4.1
	佐賀県	701,188	663,283	37,905	5.4
	長崎県	1,369,016	1,296,046	72,970	5.3
	熊本県	1,367,734	1,279,272	88,462	6.5
	大分県	972,601	909,601	63,000	6.5
	宮崎県	840,187	793,536	46,651	5.6
	鹿児島県	1,589,082	1,488,474	100,608	6.3
	沖縄県	574,490	534,784	39,706	6.9

調査年(年)	都道府県	総数(人)	65歳以下(人)	65歳以上(人)	高齢化率(%)
1950	全国	84,114,574	79,959,394	4,155,180	4.9
	北海道	4,295,567	4,135,263	160,304	3.7
	青森県	1,282,867	1,235,658	47,209	3.7
	岩手県	1,346,728	1,287,262	59,466	4.4
	宮城県	1,663,442	1,595,922	67,520	4.1
	秋田県	1,309,031	1,265,527	43,504	3.3
	山形県	1,357,347	1,299,472	57,875	4.3
	福島県	2,062,394	1,968,003	94,391	4.6
	茨城県	2,039,418	1,926,889	112,529	5.5
	栃木県	1,550,462	1,473,803	76,659	4.9
	群馬県	1,601,380	1,523,852	77,528	4.8
	埼玉県	2,146,445	2,039,240	107,205	5.0
	千葉県	2,139,037	2,016,399	122,638	5.7
	東京都	6,277,500	6,079,439	198,061	3.2
	神奈川県	2,487,665	2,391,374	96,291	3.9
	新潟県	2,460,997	2,332,291	128,706	5.2
	富山県	1,008,790	955,673	53,117	5.3
	石川県	957,279	899,533	57,746	6.0
	福井県	752,374	705,313	47,061	6.3
	山梨県	811,369	767,475	43,894	5.4
	長野県	2,060,831	1,945,441	115,390	5.6
	岐阜県	1,544,538	1,454,657	89,881	5.8
	静岡県	2,471,472	2,348,890	122,582	5.0
	愛知県	3,390,585	3,222,529	168,056	5.0
	三重県	1,461,197	1,372,387	88,810	6.1
	滋賀県	861,180	807,153	54,027	6.3
	京都府	1,832,934	1,739,105	93,829	5.1
	大阪府	3,857,047	3,713,898	143,149	3.7
	兵庫県	3,309,935	3,148,659	161,276	4.9
	奈良県	763,883	720,081	43,802	5.7
	和歌山県	982,113	920,774	61,339	6.2
	鳥取県	600,177	562,110	38,067	6.3
	島根県	912,551	847,570	64,981	7.1
	岡山県	1,661,099	1,551,873	109,226	6.6
	広島県	2,081,967	1,954,184	127,783	6.1
	山口県	1,540,882	1,452,876	88,006	5.7
	徳島県	878,511	820,445	58,066	6.6
	香川県	946,022	886,839	59,183	6.3
	愛媛県	1,521,878	1,428,921	92,957	6.1
	高知県	873,874	815,801	58,073	6.6
	福岡県	3,530,169	3,377,157	153,012	4.3
	佐賀県	945,082	896,125	48,957	5.2
	長崎県	1,645,492	1,562,743	82,749	5.0
	熊本県	1,827,582	1,722,123	105,459	5.8
	大分県	1,252,999	1,177,400	75,599	6.0
	宮崎県	1,091,427	1,037,954	53,473	4.9
	鹿児島県	1,804,118	1,704,387	99,731	5.5
	沖縄県	914,937	868,924	46,013	5.0

●人口と高齢化

調査年（年）	都道府県	総数（人）	65歳以下（人）	65歳以上（人）	高齢化率（%）
1960	全国	94,301,623	89,474,480	5,397,980	5.7
	北海道	5,039,206	4,827,143	212,063	4.2
	青森県	1,426,606	1,362,235	64,371	4.5
	岩手県	1,448,517	1,372,274	76,243	5.3
	宮城県	1,743,195	1,648,229	94,966	5.4
	秋田県	1,335,580	1,274,006	61,574	4.6
	山形県	1,320,664	1,244,175	76,489	5.8
	福島県	2,051,137	1,929,711	121,426	5.9
	茨城県	2,047,024	1,912,795	134,229	6.6
	栃木県	1,513,624	1,419,304	94,320	6.2
	群馬県	1,578,476	1,481,706	96,770	6.1
	埼玉県	2,430,871	2,297,865	133,006	5.5
	千葉県	2,306,010	2,158,912	147,098	6.4
	東京都	9,683,802	9,316,139	367,663	3.8
	神奈川県	3,443,176	3,292,300	150,876	4.4
	新潟県	2,442,037	2,289,222	152,815	6.3
	富山県	1,032,614	969,941	62,673	6.1
	石川県	973,418	907,869	65,549	6.7
	福井県	752,696	698,249	54,447	7.2
	山梨県	782,062	727,760	54,302	6.9
	長野県	1,981,433	1,838,852	142,581	7.2
	岐阜県	1,638,399	1,529,567	108,832	6.6
	静岡県	2,756,271	2,593,463	162,808	5.9
	愛知県	4,206,313	3,987,241	219,072	5.2
	三重県	1,485,054	1,378,063	106,991	7.2
	滋賀県	842,695	779,040	63,655	7.6
	京都府	1,993,403	1,866,962	126,441	6.3
	大阪府	5,504,746	5,270,588	234,158	4.3
	兵庫県	3,906,487	3,683,894	222,593	5.7
	奈良県	781,058	728,609	52,449	6.7
	和歌山県	1,002,191	929,397	72,794	7.3
	鳥取県	599,135	553,168	45,967	7.7
	島根県	888,886	814,169	74,717	8.4
	岡山県	1,670,454	1,544,445	126,009	7.5
	広島県	2,184,043	2,029,131	154,912	7.1
	山口県	1,602,207	1,493,412	108,795	6.8
	徳島県	847,274	784,007	63,267	7.5
	香川県	918,867	850,148	68,719	7.5
	愛媛県	1,500,687	1,393,035	107,652	7.2
	高知県	854,595	781,963	72,632	8.5
	福岡県	4,006,679	3,798,822	207,857	5.2
	佐賀県	942,874	883,020	59,854	6.3
	長崎県	1,760,421	1,658,379	102,042	5.8
	熊本県	1,856,192	1,729,082	127,110	6.8
	大分県	1,239,655	1,151,374	88,281	7.1
	宮崎県	1,134,590	1,066,973	67,617	6.0
	鹿児島県	1,963,104	1,821,983	141,121	7.2
	沖縄県	883,122	834,951	48,171	5.5

調査年（年）	都道府県	総数（人）	65歳以下（人）	65歳以上（人）	高齢化率（%）
1970	全国	104,665,171	97,271,879	7,393,292	7.1
	北海道	5,184,287	4,885,218	299,069	5.8
	青森県	1,427,520	1,337,118	90,402	6.3
	岩手県	1,371,383	1,270,913	100,470	7.3
	宮城県	1,819,223	1,693,545	125,678	6.9
	秋田県	1,241,376	1,150,824	90,552	7.3
	山形県	1,225,618	1,121,080	104,538	8.5
	福島県	1,946,077	1,791,348	154,729	8.0
	茨城県	2,143,551	1,974,284	169,267	7.9
	栃木県	1,580,021	1,458,600	121,421	7.7
	群馬県	1,658,909	1,528,110	130,799	7.9
	埼玉県	3,866,472	3,667,883	198,589	5.1
	千葉県	3,366,624	3,155,684	210,940	6.3
	東京都	11,408,071	10,817,260	590,811	5.2
	神奈川県	5,472,247	5,216,328	255,919	4.7
	新潟県	2,360,982	2,170,697	190,285	8.1
	富山県	1,029,695	946,489	83,206	8.1
	石川県	1,002,420	920,680	81,740	8.2
	福井県	744,230	677,198	67,032	9.0
	山梨県	762,029	693,686	68,343	9.0
	長野県	1,956,917	1,773,198	183,719	9.4
	岐阜県	1,758,954	1,620,655	138,299	7.9
	静岡県	3,089,895	2,871,704	218,191	7.1
	愛知県	5,386,163	5,078,521	307,642	5.7
	三重県	1,543,083	1,404,897	138,186	9.0
	滋賀県	889,768	810,503	79,265	8.9
	京都府	2,250,087	2,072,100	177,987	7.9
	大阪府	7,620,480	7,226,675	393,805	5.2
	兵庫県	4,667,928	4,343,923	324,005	6.9
	奈良県	930,160	856,010	74,150	8.0
	和歌山県	1,042,736	946,452	96,284	9.2
	鳥取県	568,777	512,224	56,553	9.9
	島根県	773,575	686,630	86,945	11.2
	岡山県	1,707,026	1,540,773	166,253	9.7
	広島県	2,436,135	2,235,354	200,781	8.2
	山口県	1,511,448	1,374,201	137,247	9.1
	徳島県	791,111	715,046	76,065	9.6
	香川県	907,897	821,237	86,660	9.5
	愛媛県	1,418,124	1,284,912	133,212	9.4
	高知県	786,882	696,909	89,973	11.4
	福岡県	4,027,416	3,734,900	292,516	7.3
	佐賀県	838,468	760,743	77,725	9.3
	長崎県	1,570,245	1,441,714	128,531	8.2
	熊本県	1,700,229	1,540,185	160,044	9.4
	大分県	1,155,566	1,045,654	109,912	9.5
	宮崎県	1,051,105	962,333	88,772	8.4
	鹿児島県	1,729,150	1,554,673	174,477	10.1
	沖縄県	945,111	882,808	62,303	6.6

●人口と高齢化

調査年(年)	都道府県	総数(人)	65歳以下(人)	65歳以上(人)	高齢化率(%)
1980	全国	117,060,396	106,413,040	10,647,356	9.1
	北海道	5,575,989	5,124,262	451,727	8.1
	青森県	1,523,907	1,389,391	134,516	8.8
	岩手県	1,421,927	1,278,527	143,400	10.1
	宮城県	2,082,320	1,901,631	180,689	8.7
	秋田県	1,256,745	1,124,670	132,075	10.5
	山形県	1,251,917	1,105,324	146,593	11.7
	福島県	2,035,272	1,822,568	212,704	10.5
	茨城県	2,558,007	2,321,522	236,485	9.2
	栃木県	1,792,201	1,624,763	167,438	9.3
	群馬県	1,848,562	1,664,447	184,115	10.0
	埼玉県	5,420,480	5,086,606	333,874	6.2
	千葉県	4,735,424	4,405,236	330,188	7.0
	東京都	11,618,281	10,723,320	894,961	7.7
	神奈川県	6,924,348	6,481,300	443,048	6.4
	新潟県	2,451,357	2,177,918	273,439	11.2
	富山県	1,103,459	980,052	123,407	11.2
	石川県	1,119,304	1,001,724	117,580	10.5
	福井県	794,354	702,759	91,595	11.5
	山梨県	804,256	710,918	93,338	11.6
	長野県	2,083,934	1,830,814	253,120	12.1
	岐阜県	1,960,107	1,770,212	189,895	9.7
	静岡県	3,446,804	3,134,277	312,527	9.1
	愛知県	6,221,638	5,759,425	462,213	7.4
	三重県	1,686,936	1,499,917	187,019	11.1
	滋賀県	1,079,898	971,653	108,245	10.0
	京都府	2,527,330	2,269,494	257,836	10.2
	大阪府	8,473,446	7,860,085	613,361	7.2
	兵庫県	5,144,892	4,670,184	474,708	9.2
	奈良県	1,209,365	1,096,612	112,753	9.3
	和歌山県	1,087,012	959,062	127,950	11.8
	鳥取県	604,221	529,747	74,474	12.3
	島根県	784,795	677,316	107,479	13.7
	岡山県	1,871,023	1,647,717	223,306	11.9
	広島県	2,739,161	2,460,029	279,132	10.2
	山口県	1,587,079	1,402,919	184,160	11.6
	徳島県	825,261	726,357	98,904	12.0
	香川県	999,864	880,833	119,031	11.9
	愛媛県	1,506,637	1,331,908	174,729	11.6
	高知県	831,275	722,159	109,116	13.1
	福岡県	4,553,461	4,126,966	426,495	9.4
	佐賀県	865,574	763,197	102,377	11.8
	長崎県	1,590,564	1,420,811	169,753	10.7
	熊本県	1,790,327	1,580,276	210,051	11.7
	大分県	1,228,913	1,084,673	144,240	11.7
	宮崎県	1,151,587	1,030,949	120,638	10.5
	鹿児島県	1,784,623	1,557,770	226,853	12.7
	沖縄県	1,106,559	1,020,740	85,819	7.8

調査年(年)	都道府県	総数(人)	65歳以下(人)	65歳以上(人)	高齢化率(%)
1990	全国	123,611,167	108,716,572	14,894,595	12.0
	北海道	5,643,647	4,968,766	674,881	12.0
	青森県	1,482,873	1,291,097	191,776	12.9
	岩手県	1,416,928	1,211,191	205,737	14.5
	宮城県	2,248,558	1,981,799	266,759	11.9
	秋田県	1,227,478	1,035,905	191,573	15.6
	山形県	1,258,390	1,053,813	204,577	16.3
	福島県	2,104,058	1,802,506	301,552	14.3
	茨城県	2,845,382	2,506,583	338,799	11.9
	栃木県	1,935,168	1,696,663	238,505	12.3
	群馬県	1,966,265	1,709,898	256,367	13.0
	埼玉県	6,405,319	5,874,780	530,539	8.3
	千葉県	5,555,429	5,045,592	509,837	9.2
	東京都	11,855,563	10,611,537	1,244,026	10.5
	神奈川県	7,980,391	7,275,795	704,596	8.8
	新潟県	2,474,583	2,096,726	377,857	15.3
	富山県	1,120,161	951,215	168,946	15.1
	石川県	1,164,628	1,003,936	160,692	13.8
	福井県	823,585	701,645	121,940	14.8
	山梨県	852,966	726,383	126,583	14.8
	長野県	2,156,627	1,809,421	347,206	16.1
	岐阜県	2,066,569	1,803,975	262,594	12.7
	静岡県	3,670,840	3,225,941	444,899	12.1
	愛知県	6,690,603	6,034,320	656,283	9.8
	三重県	1,792,514	1,549,156	243,358	13.6
	滋賀県	1,222,411	1,075,267	147,144	12.0
	京都府	2,602,460	2,275,031	327,429	12.6
	大阪府	8,734,516	7,891,492	843,024	9.7
	兵庫県	5,405,040	4,762,639	642,401	11.9
	奈良県	1,375,481	1,216,227	159,254	11.6
	和歌山県	1,074,325	909,773	164,552	15.3
	鳥取県	615,722	515,994	99,728	16.2
	島根県	781,021	638,960	142,061	18.2
	岡山県	1,925,877	1,640,113	285,764	14.8
	広島県	2,849,847	2,468,370	381,477	13.4
	山口県	1,572,616	1,323,128	249,488	15.9
	徳島県	831,598	702,493	129,105	15.5
	香川県	1,023,412	866,175	157,237	15.4
	愛媛県	1,515,025	1,282,299	232,726	15.4
	高知県	825,034	683,526	141,508	17.2
	福岡県	4,811,050	4,213,181	597,869	12.4
	佐賀県	877,851	744,879	132,972	15.1
	長崎県	1,562,959	1,333,968	228,991	14.7
	熊本県	1,840,326	1,556,309	284,017	15.4
	大分県	1,236,942	1,045,501	191,441	15.5
	宮崎県	1,168,907	1,002,368	166,539	14.2
	鹿児島県	1,797,824	1,498,920	298,904	16.6
	沖縄県	1,222,398	1,101,316	121,082	9.9

●人口と高齢化

調査年(年)	都道府県	総数(人)	65歳以下(人)	65歳以上(人)	高齢化率(%)
2000	全国	126,925,843	104,920,691	22,005,152	17.3
	北海道	5,683,062	4,651,510	1,031,552	18.2
	青森県	1,475,728	1,188,629	287,099	19.5
	岩手県	1,416,180	1,112,192	303,988	21.5
	宮城県	2,365,320	1,956,164	409,156	17.3
	秋田県	1,189,279	909,515	279,764	23.5
	山形県	1,244,147	958,557	285,590	23.0
	福島県	2,126,935	1,695,138	431,797	20.3
	茨城県	2,985,676	2,489,983	405,693	16.6
	栃木県	2,004,817	1,660,311	344,506	17.2
	群馬県	2,024,852	1,657,735	367,117	18.1
	埼玉県	6,938,006	6,048,763	889,243	12.8
	千葉県	5,926,285	5,089,268	837,017	14.1
	東京都	12,064,101	10,153,645	1,910,456	15.8
	神奈川県	8,489,974	7,320,446	1,169,528	13.8
	新潟県	2,475,733	1,949,621	526,112	21.3
	富山県	1,120,851	888,118	232,733	20.8
	石川県	1,180,977	961,311	219,666	18.6
	福井県	828,944	659,455	169,489	20.4
	山梨県	888,172	714,592	173,580	19.5
	長野県	2,215,168	1,740,041	475,127	21.4
	岐阜県	2,107,700	1,724,532	383,168	18.2
	静岡県	3,767,393	3,101,819	665,574	17.7
	愛知県	7,043,300	6,023,301	1,019,999	14.5
	三重県	1,857,339	1,506,380	350,959	18.9
	滋賀県	1,342,832	1,127,280	215,552	16.1
	京都府	2,644,391	2,185,118	459,273	17.4
	大阪府	8,805,081	7,489,868	1,315,213	14.9
	兵庫県	5,550,574	4,610,624	939,950	16.9
	奈良県	1,442,795	1,203,363	239,432	16.6
	和歌山県	1,069,912	843,589	226,323	21.2
	鳥取県	613,289	478,305	134,984	22.0
	島根県	761,503	572,472	189,031	24.8
	岡山県	1,950,828	1,557,170	393,658	20.2
	広島県	2,878,915	2,347,378	531,537	18.5
	山口県	1,527,964	1,188,128	339,836	22.2
	徳島県	824,108	643,471	180,637	21.9
	香川県	1,022,890	808,648	214,242	20.9
	愛媛県	1,493,092	1,173,014	320,078	21.4
	高知県	813,949	622,220	191,729	23.6
	福岡県	5,015,699	4,145,409	870,290	17.4
	佐賀県	876,654	697,522	179,132	20.4
	長崎県	1,516,523	1,200,652	315,871	20.8
	熊本県	1,859,344	1,463,324	396,020	21.3
	大分県	1,221,140	955,239	265,901	21.8
	宮崎県	1,170,007	928,253	241,754	20.7
	鹿児島県	1,786,194	1,382,955	403,239	22.6
	沖縄県	1,318,220	1,135,663	182,557	13.8

調査年(年)	都道府県	総数(人)	65歳以下(人)	65歳以上(人)	高齢化率(%)
2010	全国	128,057,352	98,811,667	29,245,685	22.8
	北海道	5,506,419	4,148,351	1,358,068	24.7
	青森県	1,373,339	1,020,571	352,768	25.7
	岩手県	1,330,147	969,649	360,498	27.1
	宮城県	2,348,165	1,827,371	520,794	22.2
	秋田県	1,085,997	765,547	320,450	29.5
	山形県	1,168,924	847,202	321,722	27.5
	福島県	2,029,064	1,524,613	501,451	24.9
	茨城県	2,969,770	2,304,705	665,065	22.4
	栃木県	2,007,683	1,569,487	438,196	21.8
	群馬県	2,008,068	1,537,548	470,520	23.4
	埼玉県	7,194,556	5,729,696	1,464,860	20.4
	千葉県	6,216,289	4,896,169	1,320,120	21.2
	東京都	13,159,388	10,517,157	2,642,231	20.1
	神奈川県	9,048,331	7,228,828	1,819,503	20.1
	新潟県	2,374,450	1,753,263	621,187	26.2
	富山県	1,093,247	808,145	285,102	26.1
	石川県	1,169,788	894,451	275,337	23.5
	福井県	806,314	605,372	200,942	24.9
	山梨県	863,075	651,494	211,581	24.5
	長野県	2,152,449	1,583,148	569,301	26.4
	岐阜県	2,080,773	1,581,374	499,399	24.0
	静岡県	3,765,007	2,873,200	891,807	23.7
	愛知県	7,410,719	5,918,634	1,492,085	20.1
	三重県	1,854,724	1,407,621	447,103	24.1
	滋賀県	1,410,777	1,121,989	288,788	20.5
	京都府	2,636,092	2,030,383	605,709	23.0
	大阪府	8,865,245	6,902,497	1,962,748	22.1
	兵庫県	5,588,133	4,306,647	1,281,486	22.9
	奈良県	1,400,728	1,066,982	333,746	23.8
	和歌山県	1,002,198	731,352	270,846	27.0
	鳥取県	588,667	435,053	153,614	26.1
	島根県	717,397	509,999	207,398	28.9
	岡山県	1,945,276	1,460,558	484,718	24.9
	広島県	2,860,750	2,184,090	676,660	23.7
	山口県	1,451,338	1,046,644	404,694	27.9
	徳島県	785,491	575,565	209,926	26.7
	香川県	995,842	742,597	253,245	25.4
	愛媛県	1,431,493	1,052,902	378,591	26.4
	高知県	764,456	546,308	218,148	28.5
	福岡県	5,071,968	3,948,592	1,123,376	22.1
	佐賀県	849,788	641,692	208,096	24.5
	長崎県	1,426,779	1,057,489	369,290	25.9
	熊本県	1,817,426	1,354,160	463,266	25.5
	大分県	1,196,529	879,779	316,750	26.5
	宮崎県	1,135,233	843,932	291,301	25.7
	鹿児島県	1,706,242	1,256,550	449,692	26.4
	沖縄県	1,392,818	1,152,311	240,507	17.3

巻末データ

●人口と高齢化

調査年(年)	都道府県	総数(人)	65歳以下(人)	65歳以上(人)	高齢化率(%)
2020	全国	125,324,842	82,142,531	43,182,311	34.5
	北海道	5,216,615	3,521,039	1,695,576	32.5
	青森県	1,235,971	815,931	420,040	34.0
	岩手県	1,224,194	814,234	409,960	40.6
	宮城県	2,296,113	1,630,832	665,281	35.5
	秋田県	955,838	593,703	362,135	37.9
	山形県	1,072,473	709,401	363,072	33.9
	福島県	1,827,632	1,233,529	594,103	32.5
	茨城県	2,844,791	1,989,536	855,255	30.1
	栃木県	1,930,235	1,372,868	557,367	28.9
	群馬県	1,926,268	1,341,576	584,692	30.4
	埼玉県	7,272,830	5,292,858	1,979,972	27.2
	千葉県	6,204,651	4,450,755	1,753,896	28.3
	東京都	13,732,951	10,517,542	3,215,409	23.4
	神奈川県	9,141,394	6,785,241	2,356,153	25.8
	新潟県	2,223,642	1,494,994	728,653	32.8
	富山県	1,034,691	695,018	339,673	32.8
	石川県	1,133,021	794,071	338,950	29.9
	福井県	764,081	526,960	237,121	31.0
	山梨県	800,729	548,511	252,218	31.5
	長野県	1,972,964	1,371,734	601,230	30.5
	岐阜県	1,972,964	1,252,152	720,812	36.5
	静岡県	3,615,586	2,515,306	1,100,280	30.4
	愛知県	7,505,224	5,595,961	1,909,263	25.4
	三重県	1,768,098	1,236,394	531,704	30.1
	滋賀県	1,409,153	1,038,537	370,616	26.3
	京都府	2,573,772	1,815,023	758,749	29.5
	大阪府	8,732,289	6,291,111	2,441,178	28.0
	兵庫県	5,443,224	3,836,427	1,606,797	29.5
	奈良県	1,320,075	902,095	417,980	31.7
	和歌山県	921,152	616,747	304,405	33.0
	鳥取県	556,367	376,056	180,311	32.4
	島根県	669,797	436,697	233,100	34.8
	岡山県	1,889,729	1,313,774	575,955	30.5
	広島県	2,814,088	1,984,743	829,345	29.5
	山口県	1,352,379	885,380	466,999	34.5
	徳島県	723,087	477,939	245,148	33.9
	香川県	951,400	645,765	305,635	32.1
	愛媛県	1,332,802	887,498	445,304	33.4
	高知県	691,090	446,397	244,693	35.4
	福岡県	5,097,530	3,651,476	1,446,054	28.4
	佐賀県	810,484	562,121	248,363	30.6
	長崎県	1,320,596	884,629	435,967	33.0
	熊本県	1,742,273	1,192,644	549,629	31.5
	大分県	1,130,771	754,767	376,004	33.3
	宮崎県	1,066,719	716,471	350,248	32.8
	鹿児島県	1,583,263	1,064,898	518,365	32.7
	沖縄県	1,459,570	1,129,462	330,108	22.6

調査年(年)	都道府県	総数(人)	65歳以下(人)	65歳以上(人)	高齢化率(%)
2030年	全国	119,125,139	81,965,553	37,159,586	31.2
	北海道	4,791,592	3,060,025	1,731,567	36.1
	青森県	1,076,393	655,732	420,661	39.1
	岩手県	1,096,141	687,697	408,444	37.3
	宮城県	2,143,601	1,434,254	709,347	33.1
	秋田県	814,295	463,865	350,430	43.0
	山形県	957,314	597,409	359,905	37.6
	福島県	1,635,235	1,021,776	613,459	37.5
	茨城県	2,638,185	1,755,480	882,705	33.5
	栃木県	1,805,949	1,232,728	573,221	31.7
	群馬県	1,796,233	1,201,433	594,800	33.1
	埼玉県	7,076,167	4,996,419	2,079,748	29.4
	千葉県	5,985,915	4,166,950	1,818,965	30.4
	東京都	13,882,538	10,460,210	3,422,328	24.7
	神奈川県	8,933,474	6,407,149	2,526,325	28.3
	新潟県	2,031,445	1,307,825	723,620	35.6
	富山県	954,745	623,604	331,141	34.7
	石川県	1,070,727	727,741	342,986	32.0
	福井県	709,753	469,717	240,036	33.8
	山梨県	724,352	463,353	260,999	36.0
	長野県	1,877,667	1,213,250	664,417	35.4
	岐阜県	1,820,918	1,219,252	601,666	33.0
	静岡県	3,380,104	2,255,276	1,124,828	33.3
	愛知県	7,359,302	5,353,713	2,005,589	27.3
	三重県	1,645,050	1,108,484	536,566	32.6
	滋賀県	1,371,841	978,331	393,510	28.7
	京都府	2,430,849	1,664,891	765,958	31.5
	大阪府	8,262,029	5,817,332	2,444,697	29.6
	兵庫県	5,139,095	3,479,939	1,659,156	32.3
	奈良県	1,202,479	782,967	419,512	34.9
	和歌山県	829,087	535,615	293,472	35.4
	鳥取県	516,255	335,986	180,269	34.9
	島根県	615,424	390,457	224,967	36.6
	岡山県	1,796,872	1,224,226	572,646	31.9
	広島県	2,689,284	1,858,698	830,586	30.9
	山口県	1,230,324	788,320	442,004	35.9
	徳島県	651,234	412,403	238,831	36.7
	香川県	888,509	588,028	300,481	33.8
	愛媛県	1,212,388	772,431	439,957	36.3
	高知県	614,449	381,688	232,761	37.9
	福岡県	4,955,295	3,445,984	1,509,311	30.5
	佐賀県	757,242	504,052	253,190	33.4
	長崎県	1,192,223	755,708	436,515	36.6
	熊本県	1,635,901	1,075,368	560,533	34.3
	大分県	1,044,038	672,134	371,904	35.6
	宮崎県	976,626	622,514	354,112	36.3
	鹿児島県	1,436,753	909,649	527,104	36.7
	沖縄県	1,469,847	1,085,490	384,357	26.1

参考資料：国勢調査および国立社会保障・人口問題研究所の「日本地域別将来推計人口」

●人口と高齢化

調査年（年）	都道府県	総数（人）	65歳以下（人）	65歳以上（人）	高齢化率（%）
2040年	全国	110,918,555	71,712,838	39,205,717	35.3
	北海道	4,280,427	2,531,867	1,748,560	40.9
	青森県	908,974	505,831	403,143	44.4
	岩手県	957,788	563,183	394,605	41.2
	宮城県	1,933,258	1,200,256	733,002	37.9
	秋田県	672,617	352,996	319,621	47.5
	山形県	833,844	491,987	341,857	41.0
	福島県	1,426,392	824,831	601,561	42.2
	茨城県	2,376,146	1,469,183	906,963	38.2
	栃木県	1,647,288	1,059,559	587,729	35.7
	群馬県	1,637,642	1,019,724	617,918	37.7
	埼玉県	6,721,414	4,423,797	2,297,617	34.2
	千葉県	5,645,611	3,672,265	1,973,346	35.0
	東京都	13,758,624	9,762,320	3,996,304	29.0
	神奈川県	8,541,016	5,673,266	2,867,750	33.6
	新潟県	1,814,665	1,102,665	712,000	39.2
	富山県	863,342	528,443	334,899	38.8
	石川県	990,439	635,336	355,103	35.9
	福井県	647,241	406,438	240,803	37.2
	山梨県	641,932	375,914	266,018	41.4
	長野県	1,704,857	1,022,448	682,409	40.0
	岐阜県	1,645,898	1,032,714	613,184	37.3
	静岡県	3,094,264	1,933,463	1,160,801	37.5
	愛知県	7,070,766	4,833,015	2,237,751	31.6
	三重県	1,503,635	949,338	554,297	36.9
	滋賀県	1,304,201	877,326	426,875	32.7
	京都府	2,238,226	1,430,667	807,559	36.1
	大阪府	7,649,229	4,996,022	2,653,207	34.7
	兵庫県	4,742,647	2,972,179	1,770,468	37.3
	奈良県	1,066,267	642,719	423,548	39.7
	和歌山県	734,325	448,387	285,938	38.9
	鳥取県	472,156	295,392	176,764	37.4
	島根県	558,290	343,117	215,173	38.5
	岡山県	1,681,383	1,094,744	586,639	34.9
	広島県	2,520,520	1,660,540	859,980	34.1
	山口県	1,099,619	674,904	424,715	38.6
	徳島県	574,474	344,389	230,085	40.1
	香川県	814,677	513,186	301,491	37.0
	愛媛県	1,080,610	648,668	431,942	40.0
	高知県	536,443	315,536	220,907	41.2
	福岡県	4,704,812	3,118,599	1,586,213	33.7
	佐賀県	696,815	447,209	249,606	35.8
	長崎県	1,053,851	636,506	417,345	39.6
	熊本県	1,511,793	963,948	547,845	36.2
	大分県	946,917	586,233	360,684	38.1
	宮崎県	876,863	537,436	339,427	38.7
	鹿児島県	1,284,036	778,307	505,729	39.4
	沖縄県	1,452,321	1,015,985	436,336	30.0

③中国・四国の月別降水量

県名	観測地点	1月	2月	3月	4月	5月	6月	7月	8月	9月	10月	11月	12月	年間降雨量
鳥取県	鳥取市	202.0	159.8	141.9	108.6	130.6	152.1	200.9	116.6	204.0	144.1	159.4	194.0	1914.0
島根県	松江市	147.2	121.9	132.6	109.4	134.6	189.8	252.4	113.7	197.9	119.5	130.6	137.6	1787.2
岡山県	岡山市	34.2	50.5	86.7	92.3	125.0	171.5	160.9	87.4	134.4	81.1	51.2	31.0	1105.9
広島県	広島市	44.6	66.6	123.9	141.7	177.6	247.0	258.6	110.8	169.5	87.9	68.2	41.2	1537.6
山口県	下関市	75.5	81.2	128.4	135.5	165.5	274.8	287.1	153.3	173.9	70.3	78.8	60.2	1684.3
徳島県	徳島市	38.9	52.8	94.5	108.2	148.4	190.8	148.8	172.9	210.0	146.2	97.2	45.2	1453.8
香川県	高松市	38.2	47.7	82.5	76.4	107.7	150.6	144.1	85.8	147.6	104.2	60.3	37.3	1082.3
愛媛県	松山市	51.9	65.6	102.3	107.8	141.5	223.6	191.6	89.6	130.3	96.7	68.0	46.0	1314.9
高知県	高知市	58.6	106.3	190.0	244.3	292.0	346.4	328.3	282.5	350.0	165.7	125.1	58.4	2547.5

（1981年〜2010年までの平均値）　出典：理科年表

巻末データ

5

④東北の降水量・気温・湿度

青森県 (青森市)

	月別平均降水量 (mm)	月別平均気温 (℃)	平均湿度 (%)
1月	144.9	-1.2	78
2月	111	-0.7	76
3月	69.9	2.4	69
4月	63.4	8.3	66
5月	80.6	13.3	70
6月	75.6	17.2	78
7月	117	21.1	80
8月	122.7	23.3	79
9月	122.7	19.3	76
10月	103.9	13.1	73
11月	137.7	6.8	72
12月	150.8	1.5	77

岩手県 (盛岡市)

	月別平均降水量 (mm)	月別平均気温 (℃)	平均湿度 (%)
1月	53.1	-1.9	73
2月	48.7	-1.2	70
3月	80.5	2.2	67
4月	87.5	8.6	65
5月	102.7	14	69
6月	110.1	18.3	75
7月	185.5	21.8	80
8月	183.5	23.4	79
9月	160.3	18.7	80
10月	93	12.1	77
11月	90.2	5.9	75
12月	70.8	1	74

宮城県 (仙台市)

	月別平均降水量 (mm)	月別平均気温 (℃)	平均湿度 (%)
1月	37	1.6	66
2月	38.4	2	64
3月	68.2	4.9	62
4月	97.6	10.3	64
5月	109.9	15	71
6月	145.6	18.5	80
7月	179.4	22.2	83
8月	166.9	24.2	81
9月	187.5	20.7	78
10月	122	15.2	72
11月	65.1	9.4	68
12月	36.6	4.5	66

秋田県 (秋田市)

	月別平均降水量 (mm)	月別平均気温 (℃)	平均湿度 (%)
1月	119.2	0.1	73
2月	89.1	0.5	71
3月	96.5	3.6	67
4月	112.8	9.6	67
5月	122.8	14.6	72
6月	117.7	19.2	75
7月	188.2	22.9	79
8月	176.9	24.9	76
9月	160.3	20.4	75
10月	157.2	14	72
11月	185.8	7.9	72
12月	160.1	2.9	73

山形県 (山形市)

	月別平均降水量 (mm)	月別平均気温 (℃)	平均湿度 (%)
1月	83	-0.4	81
2月	62.7	0.1	77
3月	68.6	3.5	69
4月	68.4	10.1	62
5月	75.4	15.7	65
6月	110.5	19.8	72
7月	157	23.3	77
8月	150.8	24.9	75
9月	127.2	20.1	77
10月	92.4	13.6	77
11月	84.5	7.4	78
12月	82.7	2.6	80

福島県 (福島市)

	月別平均降水量 (mm)	月別平均気温 (℃)	平均湿度 (%)
1月	49.4	1.6	68
2月	44.3	2.2	64
3月	75.6	5.3	61
4月	81	11.5	59
5月	92.6	16.6	63
6月	122.1	20.1	72
7月	160.4	23.6	77
8月	154	25.4	75
9月	160.3	21.1	76
10月	119.1	15.1	72
11月	65.5	9.2	69
12月	41.8	4.4	68

データ元：理科年表 (1981 年～ 2010 年までの平均値)

⑤振興局別の人口と年齢構成

地方名	振興局名	総人口 (人)	65 歳以下人口 (人)	65 歳以上人口 (人)	高齢化率 (%)
道央	空知総合振興局	287,802	174,232	113,298	39.4
	石狩振興局	2,381,920	1,726,389	655,524	27.5
	後志総合振興局	206,592	128,533	77,849	37.7
道南	胆振総合振興局	387,621	256,294	131,284	33.9
	日高振興局	65,586	43,099	22,415	34.2
	渡島総合振興局	389,500	252,560	136,777	35.1
	檜山振興局	35,119	20,289	14,693	41.8
道北	上川総合振興局	490,316	322,899	167,200	34.1
	留萌振興局	44,638	27,065	17,482	39.2
	宗谷総合振興局	62,707	41,416	20,966	33.4
道東	オホーツク総合振興局	277,502	181,406	95,950	34.6
	十勝総合振興局	336,986	231,950	104,755	31.1
	釧路総合振興局	227,420	151,186	76,202	33.5
	根室振興局	74,053	52,060	21,952	29.6
	全道合計	5,267,762	3,609,378	1,656,347	31.4

出典：住民基本台帳 (2020 年 1 月 1 日現在)

年齢階級別の外国人住民数が非公表となる
市町村がある場合や年齢不詳者がいる場合
は、各年齢階級の合計と総数が一致しない
場合がある。

あとがき

　本書は、交通経済・アメリカ経済を専門とする私に加え、河原典史氏（立命館大学文学部教授、専門：歴史地理学、近代水産移民史研究）、河原和之氏（立命館大学講師、専門：経済教育）、飯塚公藤氏（近畿大学准教授、専門：歴史・文化地理学、地理情報科学）という、専門の異なる4名が集うことで誕生しました。本書に交通の事例が多いのは、私の専門であるがゆえです。

　そもそも、監修・執筆にあたった河原典史氏と私の縁は30年以上も前、京都の私立中学で同僚として地理を担当したことに始まります。当時は2人ともまだ大学院生が本職でした。それ以降、断続的に接点があったのですが、日本経済教育センターの教材検討委員会でご一緒することになりました。この日本経済教育センター（専務理事（当時）：鈴木孝治氏）は、次世代を担う子どもたちが、楽しく学び、「生きる力」、「考える力」を身につけるための経済教育活動を推進することを目的として、2018年に設立された組織です。

　また、執筆に協力したくださった飯塚公藤氏は、河原典史氏と立命館大学大学院の同窓であり、この企画に賛同して、執筆に参加してくださいました。心より感謝いたします。さらに、河原和之氏は、私も参加している「経済教育ネットワーク」という組織のメンバーです。

　この「経済教育ネットワーク」は2006年に設立された組織ですが、文字通り、経済教育の団体です。中高教員と大学教員がコラボしての教材作成や入試問題の検討といった活動を行っていますが、日本経済教育センター専務理事の鈴木孝治氏も、本書の書籍化を提案してくださった清水書院の中沖栄編集長もそのメンバーです。

　こうして、不思議な糸で結ばれた4名が集まって「地理、経済、教育」という3つの領域にわたる本書ができあがったわけです。

　近年、「学際領域」に注目が集まっています。ITなどを含む技術の進歩や学問の発展に伴い、専門的な知識・スキルを持つと同時に、幅広い分野の知識を持った人材が必要とされようになっています。

　従来、教育においては、学問を比較的まとまった単位に分割することで、初学者の理解を助けるとされていましたが、それだけでは次代に向けたイノベーションを生み出すことが難しくなっており、伝統的な学問分野を超えて学ぶことも大切になっています。そんな中、新たな時代を担う子どもたちに、新しい視点や考え方を身につけるきっかけを与えたいというのが、本書の制作にあったメンバーの思いです。本書が、未来を見据えた経済・地理教育の教育の一助になれば幸いです。

加藤一誠

【監修・執筆】

加藤　一誠（慶應義塾大学 商学部 教授　専門：交通経済、アメリカ経済）
　　　1987 年、同志社大学経済学部卒業。1992 年、同志社大学大学院経済学研
　　　究科博士課程後期満期退学。2002 年、博士（経済学）（同志社大学）。関
　　　西外国語大学、日本大学経済学部等を経て現職。近著に『交通・空港政策
　　　の展望―アフターコロナを見据えて』（中央経済社、2021 年、共編著）が
　　　ある。

河原　典史（立命館大学文学部教授　専門：歴史地理学、近代水産移民史研究）
　　　1988 年、立命館大学文学部卒業。1993 年、立命館大学大学院文学研究科
　　　博士課程後期課程単位取得退学。立命館大学助手・専任講師・助教授（准
　　　教授）を経て現職。近著に『カナダにおける日本人水産移民の歴史地理学
　　　研究』（古今書院、2021 年）がある。

【執筆・編集】

飯塚　公藤（近畿大学総合社会学部准教授　専門：歴史・文化地理学、地理情報科学）
　　　愛知大学地域政策学部准教授を経て現職。近著に『近代河川舟運の GIS
　　　分析－淀川流域を中心に―』（古今書院、2020 年）がある。

河原　和之（立命館大学、近畿大学、大阪教育大学他、非常勤講師）
　　　東大阪市立中学校教諭として 30 数年在職、定年退職後現職。『15 歳から
　　　の経済学入門』（日経ビジネス人文庫）など著書多数。

【執筆協力】

板谷　美月（群馬県小・中学校教諭）
　　　2017 年 群馬大学教育学部卒業、2019 年 立命館大学文学研究科地理学専
　　　修修了。

■編集・制作協力　　河野浩一（ザ・ライトスタッフオフィス）
■デザイン・ＤＴＰ　　上迫田智明（ペニーレイン）
■写真提供　　　　　ピクスタ

「データ＋地図」で読み解く地域のすがた
日本あっちこっち
　　　　　　　　　　　　　　　定価　カバーに表示します。

初版発行　　2021 年 8 月 12 日

発 行 者　　野村久一郎
発 行 所　　株式会社　清水書院
　　　　　　〒102-0072　東京都千代田区飯田橋 3-11-6
　　　　　　電話：(03) 5213-7151
振替口座　　00130-3-5283
印 刷 所　　株式会社　三秀舎